なぜ、あなたの料理はちょっとマズイのか？

小田真規子
絵・マンガ　大窪史乃

JN242122

KODANSHA

はじめに

「料理がちょっとマズイ人」のあるあるポイント

- 野菜はジャーッと洗って完了！
- 「肉を常温に戻す」なんて気にしてない
- 肉の下処理？　それ必要？

包丁は100均で買ったものを使ってます

3年以上前に買ったフライパンをずっと使ってる

「適量・適宜」の違いはよくわかってない

「まずフライパンを温める」って10秒くらい？

料理はセンスだと思ってる

「レシピを見ずに料理ができること」が憧れ

本やサイトで見た断片的な情報をもとに料理する（理論はスルー）

マズイ！ってほどじゃないけどなんとなくいまいちな私の料理
普通に食べられるよ
大丈夫
いつも60点
ちゃんとそれっぽく作れるし
見た目はギョーザ
味もギョーザ
おいしい店開けるわ
たまに大成功もしますが
二度と再現できないんです
一期一会の味ですね
料理は好きだしいろいろ工夫もしてるのに…
一般人
越えられない壁
プロ
どうしたらおいしくなるの？

ヨレヨレのサラダ
洗って切る
これのどこに改善の余地が!?
しお
しお
野菜が瀕死です
蘇生処置しないと
AED
焦げているのに生焼けの肉
「焼き」で勝負する料理は私にはまだ早すぎたのか
ですねー
30分早かったですね
適量・適宜とは
(適量)テキトー
(適宜)Take it easy
フィーリング!!

肉の下処理は惰性
トリ肉は必ず皮をはがします
健康のためなら死ねる
皮にもイイトコあるのに
下処理の意味もっと考えて
よしよし
3年前に買った高級フライパン
大事にお手入れしながら一生使うの
良い道具が私をメシウマへと導いてくれる
そのフライパンはもう死んでいます
供養して
レシピを見ずに何でも作れるようになりたい
なぜ?
プロでもたまに見ますが?
は?
先生もレシピ見るの?
プロなのに?

レシピといえば
あいまいな表現が苦手です
適量って何グラムですか
塩適量を振り30分おく
場数を踏めばわかってくるんですがねー
人によって受け取り方がさまざま
料理上達の近道は経験を積むこと
同じ料理を何度も作る。
すると
これが適量
そして正しい知識を持つこと
雑多な情報にまどわされないで
思い込み
聞きかじりの知識
ポイ
ポイ
料理は理論
全工程にちゃんと根拠があります
ラクしてメシウマになりたいんですが
では！基本以前の基本から見ていきましょう

「ちょっとマズイ」の原因は
レシピどころか「超基礎」を
スルーしているせい!?

編集者・オギ 先生、私の作る料理ってなんだかおいしくないんです。これって、もはや才能の問題でしょうか？

小田先生 う〜ん、まず聞きたいのだけれど、レシピ通りにきちんと作っているのかしら？

オギ 〃ほぼ〃レシピ通りだと思うんですけど……。

小田先生 なるほど。問題は**〃ほぼ〃レシピ通り**という点です。

オギ えっ。でも、味に関係なさそうなところは省いても問題ない気がするし、時短にもなるのかなって……。

小田先生 レシピに書いてあるちょっとしたことって、実は料理界ではやって当たり前の「基本のき」。それをスルーしてしまうと、**おいしくない料理を一生食べ続けることになります。**一緒に料理をしながら、料理の超基礎から見直していきましょう！

目次

Chapter 1 レシピ本にも書いていない「料理の超基礎」

Chapter 2

定番料理なのに、ちょっとマズくなる

Chapter 3

料理上手の頭の中はどうなってる？

登場人物紹介

教えてくれるのは

料理研究家

小田真規子さん

著書やテレビ出演多数！長年第一線で活躍しているプロ中のプロ。料理初心者にも寄り添ってくれる、手取り足取りなレシピに定評あり。

教わるのは

オギ

料理歴は大学時代から一応10年以上の独身アラサーエディター。健康や美容に興味はあるが、基本ズボラ。

注意事項

- 計量スプーンは大さじ1が15ml、小さじ1が5ml、1カップが200mlです。
- 野菜などの重量はすべて正味重量（皮、種、芯などを取り除き、実際に使用する重量）です。
- 材料で「すりおろし」と書かれているものは、調理前に準備しておいてください。

Chapter 1

レシピ本にも書いていない「料理の超基礎」

レシピ本に書いてはいないけれど、
だからこそ知っておきたい料理の超基礎。
面倒と思わずぜひお試しを。
ちょっとしたことなのに、
作業のしやすさや仕上がりが激変します！

野菜の洗い方

「洗い」とは
汚れ落としと水揚げです
水揚げ…ってあの切り花生ける時にするやつ?
しお…
そのまま調理すると食感がダメダメに。
水揚げ
カット
20分水を吸わせる
買ってきた野菜は少ししおれています
調理する前に収穫直後の状態に戻して
ベビーリーフ
シャキーン
やさしくていねいに水洗いする。
しおれた葉は水揚げ
ザルにそっと上げて20分放置
よみがえってからが「野菜」です
ギンッ
調理してよし!
シャキッとしたらボリュームが2倍に!
洗いとは蘇生

「洗う」と「水分補給」で、野菜のフレッシュさが激変！

オギ　小田先生指導のもと、サラダ作り〜♪（冷蔵庫から野菜を取り出す）

小田先生　あら、このグリーンリーフ、なんだかしなっとしてるわね？

オギ　5日前に買ったものなんです。水でジャーッと洗って切って、ドレッシングをかければできあがり♡ですよね？

小田先生　違います！　しなしなの野菜にドレッシングをかけても、野菜の旨みが感じられないし、〝ドレッシング味〟しかしないから！　本当においしいサラダを作るには、まず「**野菜を元気にすること**」が鉄則です！

オギ　野菜を元気にすることなんてできるんですか？　しなびてしまった野菜は、しなびたまま食べるほかないと思ってたんですけど……。

小田先生　野菜を元気にするには**「きちんと洗うこと」**が大切なんです。洗うといっても単に汚れを落とすだけでなく、水分をしっかり与えてあげるのがポイント。切り花を元気にするために、茎の先端を少しカットして水を全体にいきわたりやすくさせる**「水揚げ」**という方法がありますよね。考え方はそれと同じです。

オギ　野菜も水揚げが必要ってことですか？

小田先生　どんな野菜も本当はおいしいのに、収穫するとすぐに乾燥が始まり、環境や温度の変化、含まれている酵素の働きで葉の状態も味も変わっていきます。だから、買ってきた野菜を収穫した直後のような「みずみずしくておいしい状態」によみがえらせるには、**水につけて細胞に水分をいきわたらせること**が重要なの。水分をたっぷり与えてシャキッとさせてから調理をすると、味や食感がまったく変わるので、だまされたと思ってぜひやってみて！

オギ　シャキッとさせることがそんなに大事だったなんて……。料理どころか野菜の洗い方すら正しくできていなかった自分に衝撃を受けています。

小田先生　これから覚えれば大丈夫！　次のページで詳しく解説していくわね。

野菜の洗い方

野菜がシャキッとする！正しい洗い方と水揚げ法

グリーンリーフの場合

しっかり洗って根元をカット

1

ホコリや汚れ、土などを落とすため、根元までしっかり水で洗う。洗ったら根元を包丁で約1cmカットする。

水に20分つければシャキッ

2

野菜の根元がつかるくらいの量の冷水（約10℃）をボウルに張り、野菜を立てて20分つけておく。全体に水分がいきわたり、葉先までシャキッ！

ベビーリーフの場合

ボウルの中で

ボウルに水を張り、その中にベビーリーフを入れる。水の中で泳がせるようにやさしく洗ったら、少しずつ手でつかみ、ザルにあげる。切り口が褐色になっていたら、キッチンバサミで切り落とす。

ザルにあげたら20分放置して、水分を全体にいきわたらせる。

水揚げ効果で
大きさが倍に！

水分がいきわたったことで、シャキッとしただけでなく、葉の大きさまで激変！

野菜の洗い方

オギ 先生！　しおれた野菜を水につけただけで、本当に復活するんですね！　とれたて野菜と錯覚しそうです！

小田先生 そうでしょう？　花も野菜も同じ植物だから、**きちんと水を与えてあげましょうね。**元気な野菜を使って料理すれば、ごちそうができあがりますよ。

オギ ベビーリーフはシャキッとしただけでなく、ボリュームが倍になったの？　っていうくらい見違えましたよね。正直、ベビーリーフって量が少ない割に強気の値段だな〜と思っていたんですが、これなら納得できます。

小田先生 ふふっ、水揚げってすごいでしょ。今回ベビーリーフはザルにあげてそのまま放置したけれど、約10℃の冷水を張ったボウルに20分つけると、さらにパリッとしますよ。**「野菜は元気にしてから使う」**ってプロセスを省いてはいけないということ、わかってくれたかしら？

オギ はい、十分すぎるほどわかりました。ところで、先生は洗い方もすごく丁寧ですよね。私の洗い方とは大違いです。でも、オーガニックの野菜なら、土が多少ついたままでも大丈夫ですよね？

小田先生　あのね……土には土壌菌もいるし、野菜には流通の途中で汚れやホコリもついているの。だから、土から直接生えている野菜や表面積の大きい葉物野菜は特に、よく洗うのが鉄則！

オギ　す、すみません。さらに白状すると、自分でベビーリーフを洗うときは、ザルに野菜を入れてその上から水をジャーッてかけて流していました。

小田先生　葉物野菜はデリケートなので、**雑な扱いは絶対にダメ！**　水を勢いよく葉に当てるのも当然ＮＧです。

オギ　なるほど。ボウルに水を張ってからベビーリーフを投入すれば水圧の心配もないですね。あと、先生は洗った野菜を少しずつ手に取ってザルにあげていましたが、私ならボウルから水ごと一気にザルに移し替えるなって思いました。

小田先生　野菜を洗った水ごとザルに移すと、せっかく落とした汚れやホコリも一緒についてきてしまいますよ。

オギ　「洗う」というプロセスひとつでこんなに違いがあるなんて！　発見が多すぎて、サラダの完成までまだまだ時間がかかりそうです……。

野菜の洗い方

オギが自宅でやってみた「洗い&水揚げ」実践編

先生の教えの通り、ボウルに水を張ってから野菜を投入。ゆっくりやさしく汚れを落とし、少しずつ手に取ってザルに移し替えた直後。

20分放置した後。鮮度とかさが明らかにアップ！ 今まで十分な水を与えず、適当に洗っていた野菜たちに謝りたくなりました……。

まとめ

「正しく洗って野菜を復活させる」が料理の第一歩！

コラム

大葉は洗う？洗わない？

オギ　「洗う」といえば、大葉ってどう扱うのが正解ですか？　ちょっと強く洗うと破れたり、傷ついて黒ずんだりしちゃうんですけど。

小田先生　大葉は、レタスやキャベツなどとは違って、土から直接生えている野菜じゃないからしっかり洗わなくても大丈夫！　洗った後、水気がきちんと切りきれず、傷む原因になることもあります。葉の裏のうぶ毛のところから香りが出るので、洗いすぎないほうがかえっていいんです。気になるようなら、使う直前に表をサッとキッチンペーパーでぬぐうくらいにとどめましょう。

オギ　そうなんですね！　あと、正しい保存方法も知りたいです！

小田先生　空きビンや保存容器の底に、キッチンペーパーを1～2枚濡らして絞ったものを敷いて。そこに、茎を少しカットして水を吸い上げやすくした大葉を立

てて冷蔵庫に保存しておくと、**2週間ほど葉がシャキッとした状態を保てますよ。**空きビンを使うときは、葉先がつぶれないよう、蓋の代わりにラップを上からフワッとかけて保護しましょう。

オギ 2週間ももつんですか！　それはうれしいです。我が家の冷蔵庫の中では、しなしなヨレヨレになった大葉がよく発見されます……。

小田先生 大葉は一枚一枚が薄いので、鮮度が落ちると大葉同士が張りついてしまいます。買ってきた直後ならまだ葉が元気だから、そのまま使ってＯＫですよ。冷蔵庫にしまうときは、水揚げの代わりになるこのやり方で保存しておけば、鮮度がキープできるので試してみて。

野菜の水切り

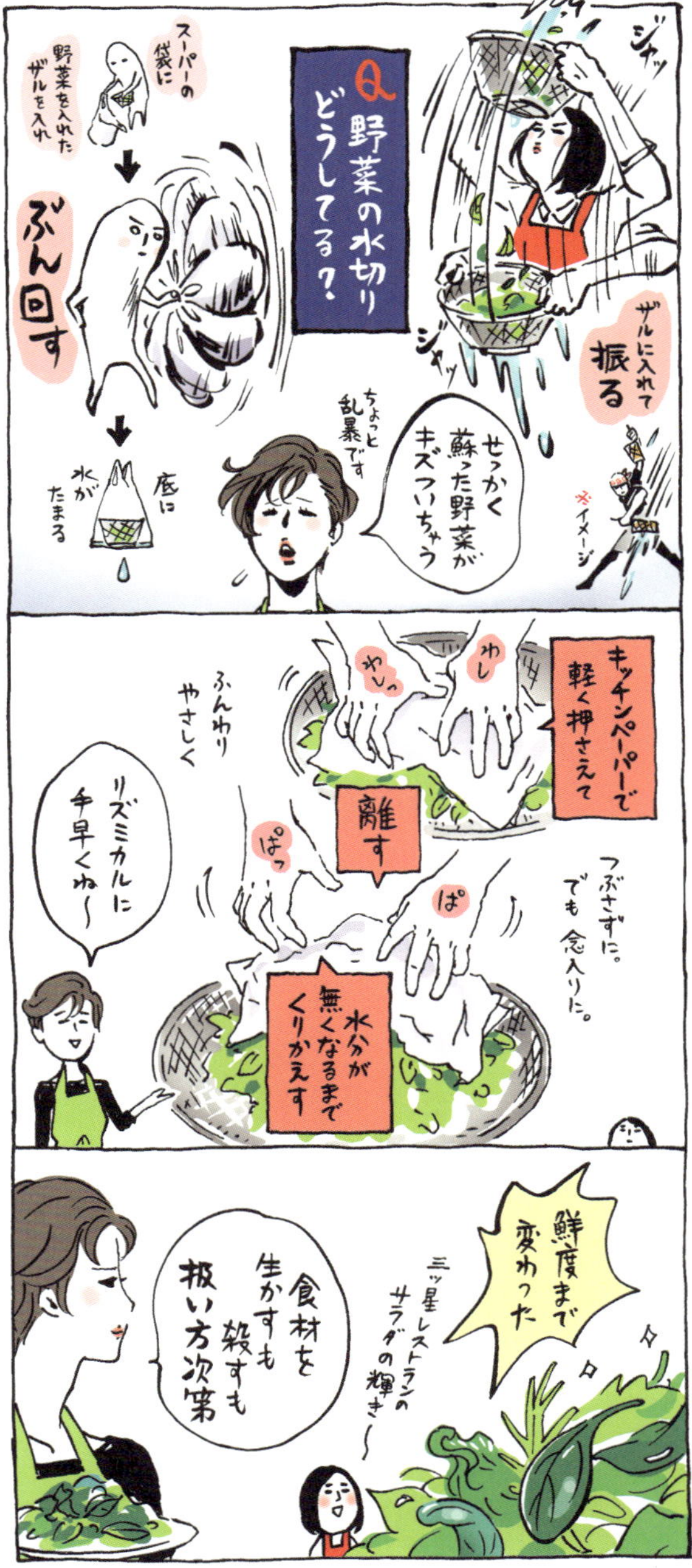

Q 野菜の水切りどうしてる？
ジャッ
ジャッ
ザルに入れて振る
※イメージ
スーパーの袋に野菜を入れたザルを入れ
ぶん回す
底に水がたまる
せっかく蘇った野菜がキズついちゃう
ちょっと乱暴です
キッチンペーパーで軽く押さえて
わし
わしっ
ふんわりやさしく
離す
ぱ
ぱっ
フタさずに。でも念入りに。
水分が無くなるまでくりかえす
リズミカルに手早くね〜
鮮度まで変わった
三ツ星レストランのサラダの輝き〜
食材を生かすも殺すも扱い方次第

水切りをミスると野菜のパリッと感が消滅！

小田先生　「洗い」と「水揚げ」の次は、洗った野菜の余分な水気をとる「水切り」です！　オギさんはいつもどうやっているのかしら？

オギ　水が垂れてこなくなるまで、ザルをひたすら上下に揺すります！

小田先生　……前回、勢いよく出した水に当たるだけでも葉物野菜は傷むって教えたはずですけど？

オギ　……揺するくらいなら問題ないのでは？

小田先生　問題あります！　水を切ろうと何度も強く揺すったら、水は切れないばかりかザルに葉が当たって傷むだけ。せっかく水揚げをしてみずみずしくなった葉が傷めば、**パリッとした食感が損なわれてしまうんです。**

オギ 確かに……。でも、水切りってそんなに大切なんですか？ 多少でも水気が残っているほうが、野菜のみずみずしさが感じられそうな気がするんですけど。

小田先生 それは大いなる誤解！ **みずみずしさの源は、野菜の細胞に含まれた水分**であり、外側に残った水分ではありません。外側に水分が残っていると、味付けをしても味が薄まってしまうばかりか、水道水の味がしてせっかく元気においしくなった野菜の味が台無しになるんです。食材をより元気な状態にするための水揚げ、食材本来の味を楽しむための水切り、そういった**手間を惜しまないことが、ものすごく大事**なんです。

オギ へえ～。実は友だちから、「サラダスピナーできっちり水気をとると、野菜がカサつく」って聞いたことがあるんです。だからあまり水気はとらないほうがいいのかなって思ってました。

小田先生 それは、水揚げをして葉にたっぷり水分を含ませていないから。〝ただ濡れているだけ〟の野菜をスピナーにかければ、水気がとれるぶんカサカサします。スピナーはあれば便利ですけど、なくてもきちんと水切りできますよ。

野菜の水切り

正しい水切りの方法

「軽くつかんで離す」を高速で繰り返す

野菜をボウルに入れ、2枚重ねたキッチンペーパーを上からかける。「両手でフワッと野菜をつかむ⇄離す」を手早く繰り返す。野菜をつぶさないよう、やさしくほぐす意識で。

しっかり水切りすればツヤツヤに！

水気を吸って、キッチンペーパー全体が濡れるくらいまで念入りに水切りをすると、みずみずしさとツヤが出て、野菜の香りが漂ってくる！

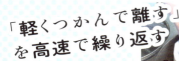

まとめ

正しく水切りすれば
まるで「とれたて」！
見た目も香りも
見違える！

コラム サラダの味付けは「順番」が命！

小田先生 今回は油・塩・酢でシンプルに仕上げましょう。調味料を加える順番さえ間違わなければ、この3つでレストラン級のサラダが作れます！

オギ **順番は油→塩→酢**なんですね。なぜ油を最初に入れるんですか？

小田先生 **葉物野菜の表面を油でコーティングするためです。**塩や酢を先に入れると、葉からすぐに水分が出てクタッとして食感が悪くなるの。さらに、油が接着剤のような働きをしてくれるので、この後に加える塩を葉にまんべんなくまとわせやすくなるんです。最後に酢を回しかけて、よく混ぜましょう。塩を加えた段階では、塩のジャリジャリ感が残っているので、酢で溶かします。塩が溶けて全体になじみ、油や酢がボウルの底に残らなくなるまで、よーく混ぜてくださいね。あとはコショウ、風味にアクセントが欲しいならニンニクを加える*のもおすすめです。

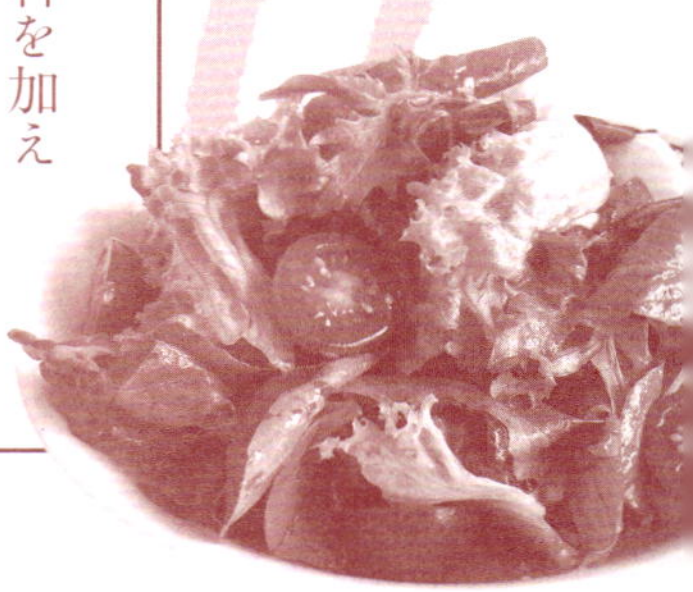

材料（2人分）

ベビーリーフ……50g
グリーンリーフ
……2〜3枚（50〜70g程度）
ミニトマト……4個
オリーブオイル
……大さじ1〜2
塩……小さじ1/4
酢……小さじ2
コショウ……少々

●酢はレモンや米酢でも、オイルはゴマ油やこめ油でもOK。

作り方

1 グリーンリーフは一口大にちぎる。
2 ボウルに張った冷水に1とベビーリーフを20分ほどつけてパリッとさせる。
3 2の野菜をザルにあげて水気を切り、キッチンペーパーで軽くつかんでさらに水気を拭き取っていく。
4 ボウルに3の野菜を入れ、オリーブオイルを加えて全体をほぐしながら、からめるように混ぜる。できれば、ここからは手で。
5 塩を加え、全体にまとわせるようによく混ぜる。
6 酢を加えてよく混ぜ、塩の溶け具合を確認する。
7 コショウを振りかけ、よく混ぜる。ここからはトングや菜箸でもOK。
8 ミニトマトはヘタを取って横半分に切り、ボウルに加えて軽く混ぜ、盛り付ける。

＊風味が欲しいなら7の後で半分に切ったニンニクの切り口をボウルにしっかりこすりつけ、全体を混ぜる。

猫の手

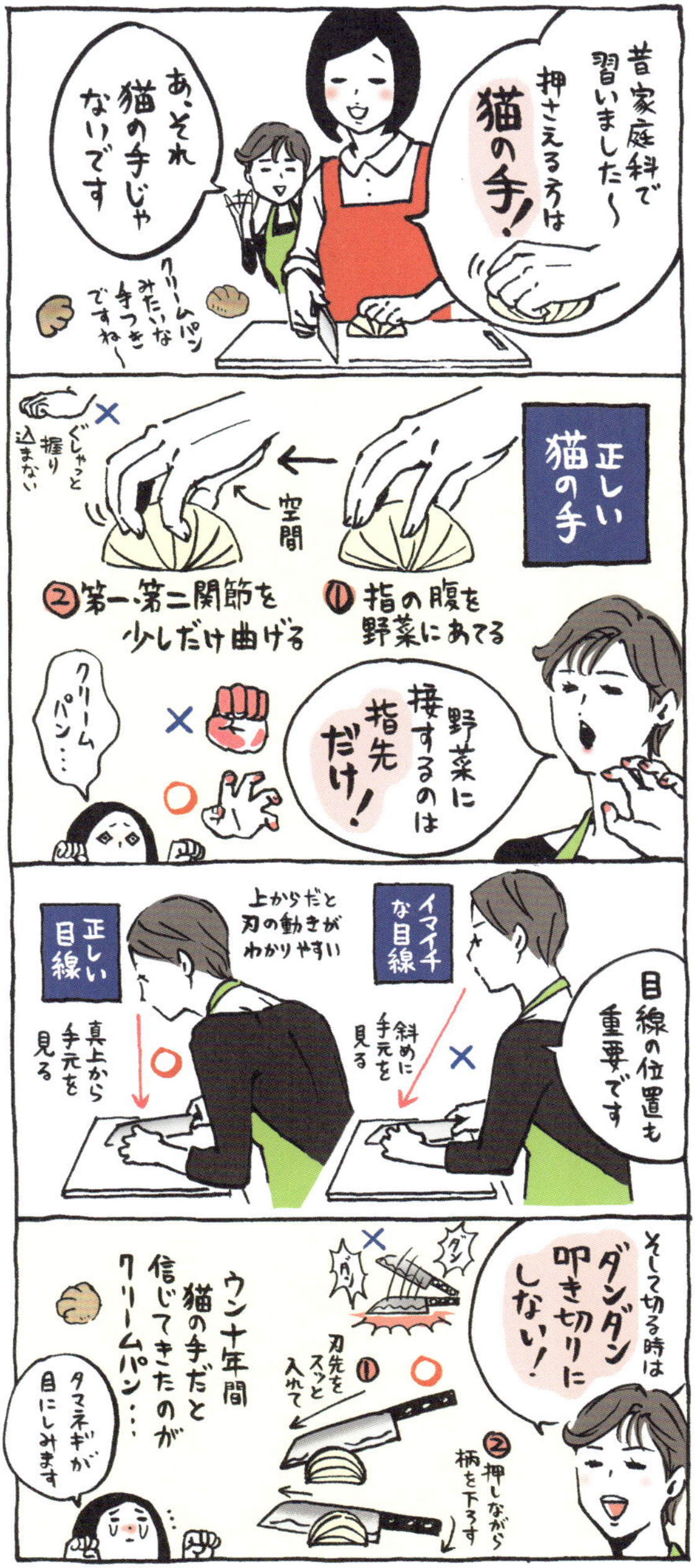

昔家庭科で習いました〜
押さえる方は猫の手！
あ、それ猫の手じゃないです
クリームパンみたいな手つきですね〜
正しい猫の手
①指の腹を野菜にあてる
空間
②第一第二関節を少しだけ曲げる
ぐしゃっと握り込まない
野菜に接するのは指先だけ！
クリームパン…
目線の位置も重要です
イマイチな目線
斜めに手元を見る
上からだと刃の動きがわかりやすい
正しい目線
真上から手元を見る
そして切る時はダンダン叩き切りにしない！
ダン
ダン
①刃先をスッと入れて
②押しながら柄を下ろす
ウン十年間猫の手だと信じてきたのがクリームパン…
タマネギが目にしみます
…

指先を丸める猫の手は実は大間違い！

オギ 野菜を切るときはいつも「指、切りそう」と微妙に緊張が走るんです。野菜をどう押さえるのか、どう包丁を動かすのか、あまりわかっていなくて……。

小田先生 なるほど。じゃあ、実際に切って見せてくれるかしら？

オギ 昔、家庭科で「食材を切るときは、指先を丸めて〝猫の手〟にする」と習ったことをぼんやり思い出して切り始めるのですが（写真❶）、なんだか切りづらいし、第二関節を切りそうで怖いんです。それで、いつの間にか指を伸ばして、野菜を押さえてしまいます（写真❷）。でも、これも指を切りそうで……。

小田先生 指を伸ばすのは危ないから絶対ダメですよ！　いろいろとツッコミポイントがありますが、まず明らかに間違っているのが、猫の手のやり方です。

"クリームパン"な猫の手

怖くなって指を伸ばしちゃう……

②

NG!

オギ え⁉　家庭科で習ったのに？

小田先生 ギュッと握った手を野菜の上に置いて、「指の背中側」で野菜を押さえている人が多いんです。これは、〝猫の手〟ではなく〝クリームパンの手〟ですね。

オギ ク、クリームパン⁉

小田先生 〝クリームパンの手〟の場合、野菜に接している「指の背中側」から得られる情報量って案外少ないんですね。切りづらさを感じるのは、野菜の形がどうなっているかという情報が、手に伝わりにくいためです。

オギ 「手から得られる情報量」なんて考えたこともありませんでした……。

小田先生 猫も、手に肉球があることで、いろんな情報を感じ取っているわけじゃないですか。だから、「指の背中側」ではなく**「指先」でしっかり野菜の情報を感じ取ることが重要**なんです。正しい猫の手なら、野菜を固定しやすいし、切り進めるのに合わせて手を動かしやすいので、切りづらさや指を切りそうという不安も軽減できますよ！

これが"正しい猫の手"!

指を軽く開いて野菜に当てる。その状態のまま、第一、第二関節を少し曲げて卵1個が入るくらいの空間を作り、フワッと野菜を押さえる。これが正しい猫の手!

正しい猫の手

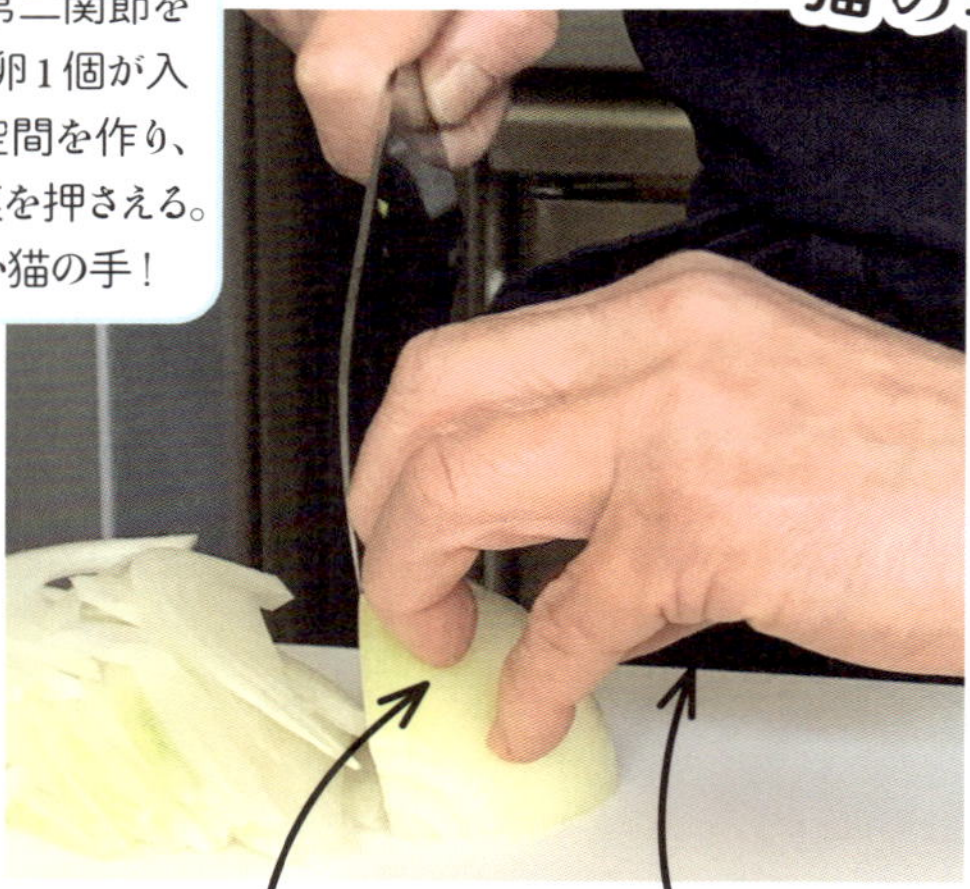

指先を野菜に当てる

卵1個分の空間を作る

ダメな猫の手

正しい猫の手

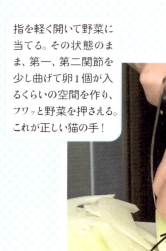

まとめ

正しい猫の手なら
包丁仕事の
ストレスが激減！

コラム まな板、ちゃんと固定してる？

小田先生 ところで、食材を切るときにまな板をちゃんと固定しているかしら？ まな板が安定していないと、すべって斜めになったり、奥にズレたりするでしょ？ そうすると、まな板に合わせて位置や姿勢を変えないといけないから、切りにくいんです。

オギ あ～、確かに。それも地味にストレスを感じているポイントです。

小田先生 だからこそ、まな板を固定して切りやすい環境に整えましょう。ゴム製のすべり止めも市販されていますが、手軽にできるのが「**濡らしたふきんを敷いて、その上にまな板を置く**」こと。ふきんを使うのが面倒なら、キッチンペーパーでもＯＫです。２～３枚を水に濡らす↓軽く絞る↓広げて敷く↓上にまな板をのせる。これでちゃんと安定しますよ。１枚だと薄くて安定しにくいから、２～３枚使ってふきん並みの厚みを出してくださいね。

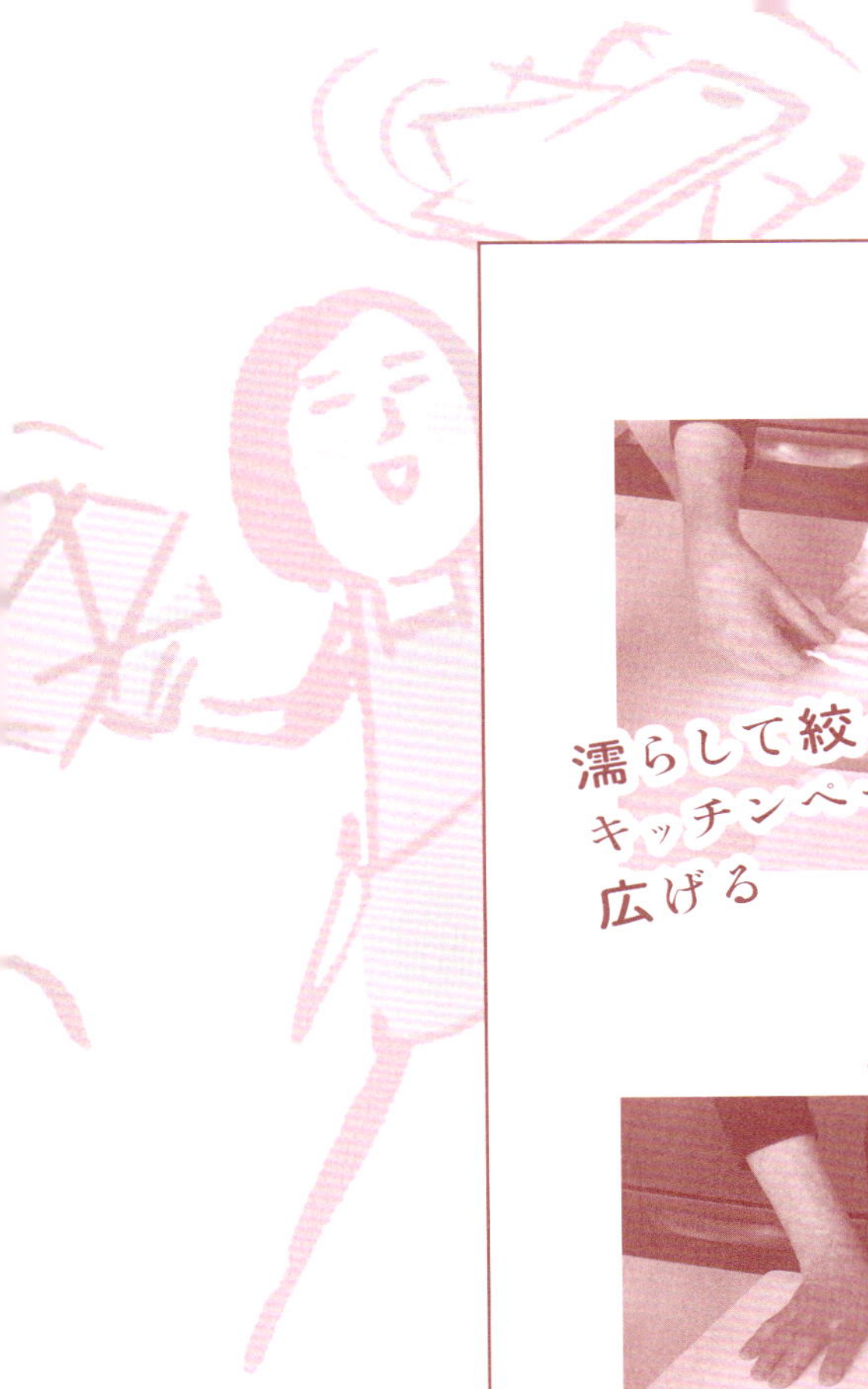

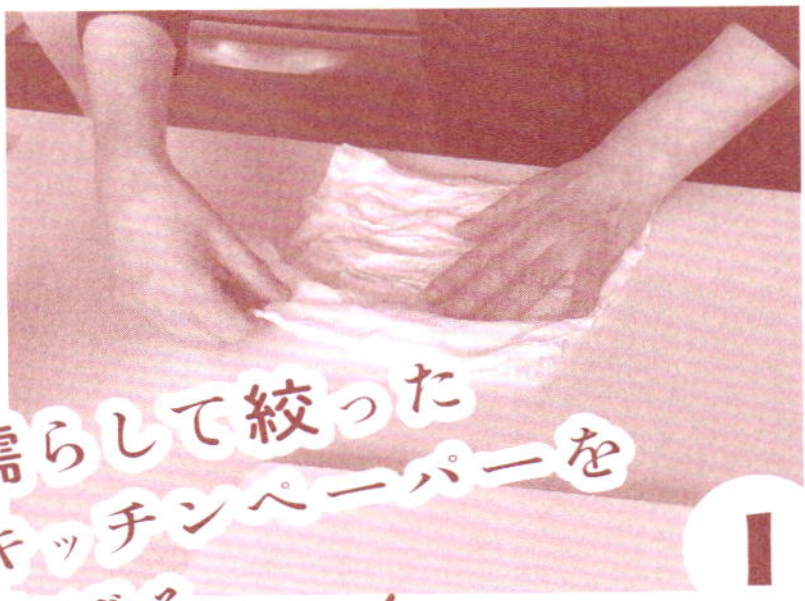

濡らして絞った
キッチンペーパーを
広げる

まな板を
のせれば
固定完了！

POINT

下に敷いたキッチンペーパーは、切り終わった後の調理台を拭くのにも使えて便利。

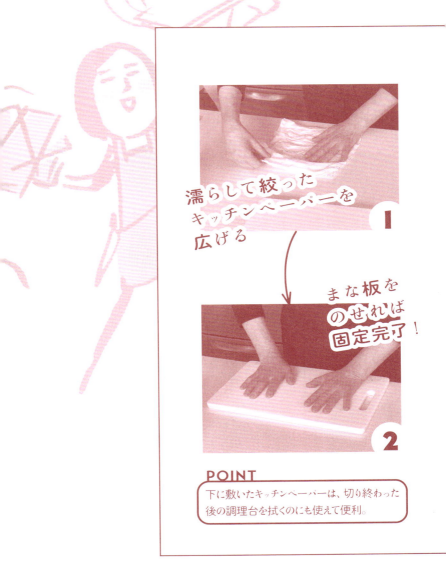

道具選び

Q フライパンどんなの使ってる？
鉄製。
正直お高かったですが
一生の友
お手入れしながら大事に使っていますだんだん「育って」くる感じもよくて〜
面倒だがそこがまた良い
初心者はフッ素樹脂加工のものがおすすめ
無理に高いものを買わなくて大丈夫
フライパンは消耗品。傷んだらどんどん買い替えましょう
あとそのフライパンサビてます
Q まな板どんなの使ってる？
気がねなく漂白できて良い
オーソドックスな白いやつ
プラスチック
下敷き状のペラペラのやつ
曲がるの便利
一回にいっぱい使う
厚み重要
ぶ厚い木製がおすすめ。厚めのプラスチックも良し
薄いと衝撃で手に負担がかかりやすいので
へー
ほー

道具を見直すなら、まずフライパン！フッ素樹脂加工のものがおすすめ

小田先生 扱いにくい道具を使っていたり、必要なものがそろっていなかったりすると、料理がうまくいかないと感じやすいです。つまり、道具の見直しは必須！

オギ それはちょっとわかるかも。でも、まず何から見直せばいいですか？

小田先生 最初に見直してほしいのが、「炒める」「焼く」「茹でる」ができて、何かと出番の多い**フライパン**。**その次に、包丁、まな板**ですね。

オギ 鉄のフライパンを使っていますが、使いこなせている気が全然しません。

小田先生 鉄製は、素材に火が通りやすくて高温でパリッと焼き上げてくれるのがいいのよね～。ただ、重かったり、使い始めが焦げ付きやすかったり、お手入れにも少しコツが要ります。料理を作るのに慣れていく段階では、焦げ付きにくく

て洗いやすい**フッ素樹脂加工のフライパンのほうが、扱いやすいですよ。**フライパンを選ぶポイントは次の2つです。

1. 直径20cmと26cmの2種類をそろえる
2. 深さは5～6cmが目安

オギ　2種類ですか？　大は小を兼ねるから、26cmだけでいいなんてことは？

小田先生　フライパンは、サイズによって熱の回り方や水分の蒸発量が違うので、適している料理も違ってきます。**20cmは親子丼や魚の煮物、目玉焼きなど、26cmは炒め物やステーキ**などを作るのに向いています。レシピ通りに作っているのに味が安定しないのは、フライパンのサイズが影響している可能性もあるんです。

オギ　なるほど～。ちなみにフライパンを買い替えるタイミングってあるんですか？

小田先生　**フッ素樹脂加工のフライパンは消耗品**。焦げ付きやすくなったなと感じたら、即買い替えましょう。

道具選び

料理のプロがおすすめ！作業がはかどるキッチングッズ

バッラリーニのフライパン

上：バッラリーニ フェラーラ フライパン 20cm／ガラス蓋セット（IH・ガス対応）￥4950、下：同 26cm／ガラス蓋セット（IH・ガス対応）￥6600／ツヴィリング

しっかりとした厚みがあり、肉や野菜をカリッと焼き上げてくれる。バッラリーニは表面加工が特徴的で、金属製のヘラも使用可。深さがあるから煮込みにも。サイズがピッタリ合う蓋もぜひセットで。

包丁は5000円くらいのものを目安に！

包丁は「刃渡り17〜20cm、刃幅5cmくらい」で「ある程度の重み、厚みがある」ものを。柄が刃と一体化しているステンレス製なら、洗うのも熱湯消毒するのも簡単。まな板は、手軽に漂白できる樹脂製の「21×36cmくらいの長方形」「厚さ1.5〜2cm」のものが使いやすい。

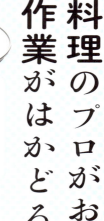

あると便利！

大・中・小サイズのボウル

台所仕事をスムーズにしてくれるのがサイズ違いのボウル。大は野菜を洗う、小はタレなどを作るのに適していて、中サイズは何にでも重宝する大きさ。

ヘラやフライ返しは素材違いで！

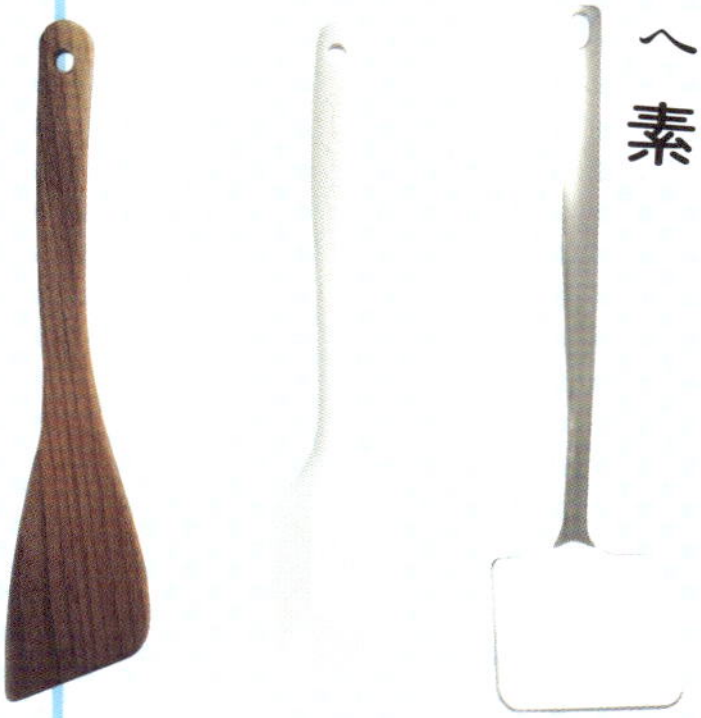

木ベラ、シリコンタイプのヘラ、金属製のフライ返し。フライパンや鍋の加工や形状によって適しているものが違うので、素材違いでそろえておきたい。

食材の下処理にバットは必須！

魚や肉の下処理に、あると便利なのがステンレス製（orアルミ製）のバット。つけ込み液などがこぼれにくい、深さのあるタイプがおすすめ。ボウル同様サイズ違いで持っておくと◎。

フライパン・鍋のお手入れはどうする？

オギ　フッ素樹脂加工のフライパンって、お手入れはどうすればいいですか？

小田先生　料理を作り終えたら、まず、フライパンに付着した油やタレをそのままにせず、水を入れて少量の食器用洗剤を垂らしておきます。特に、トマトソースやカレーを作った際は必ず行いましょう。洗うときは、内側だけでなく外側の汚れもしっかり落としてくださいね。ステンレスやアルミ製の鍋・フライパンなら、丸めたラップにクレンザーと少量の水を付けてこすり洗いすれば、重曹やクエン酸がなくても汚れや焦げ付きをおおむね落とすことができます。

ちなみに、鉄製のフライパンを洗うなら「ボンスター ソープパッド」を私は使っています。ガンコな焦げ付きや汚れも、しっかり落とすことができますよ。

おもしろいほど
焦げを落とせる!

ボンスター ソープパッド
8個入り
¥300(参考小売価格)／
ボンスター販売

*フッ素樹脂加工製品やIHクッキングヒーターなどには使用不可

特殊鋼を細かく削り、ウール状に加工したパッドに植物性無リン石けんをつけたもの。焦げ付きのほか、ガンコな油汚れも落としてピカピカに磨き上げる。

まとめ

プロおすすめの
道具を使えば
「料理の面倒」が
ガチで減ります！

オギの「フライパン後日談」

「料理するなら鉄製じゃなきゃ！」という謎の思い込みで、鉄製フライパンを使っていましたが、手入れも満足にできておらず、正直私には宝の持ち腐れでした。先生おすすめのバッラリーニを改めて購入したのですが、焦げ付かないから料理の見た目がちょっと良くなったし（自分比）、手入れも楽ちん。料理って楽しい！という気持ちが確実にアップしました。（修業を積んで、いつの日か、鉄製フライパンに再チャレンジするつもりです！）

Chapter 2

定番料理なのに、ちょっとマズくなる

卵焼きやチャーハンといった定番料理が
なんだかイマイチ……。でも大丈夫！
混ぜ方や火の通し方など、
本当にちょっとしたことを見直すだけで、
見た目も味も満足いく出来栄えに！

卵焼き 前編

卵を割って
調味料入れて
チャチャッと
混ぜれば
OKでしょ？

卵の混ぜ方からやりましょう
きっと卵混ぜたことないと思うので
はいぃ?
ウン十年間卵焼き作ってますが
卵の混ぜ方
ちゃんと割ると混ざりやすくなる
まず卵黄を割ります
次に箸を垂直に立てて
少し間を開ける
みなさんがよくやっているのは「混ぜ」ではなく「泡立て」
スライド
高速で左右に振る
泡立て
カシャカシャ
たしかにやったことない
なんて言うか先生必死ですね
テスト終了5分前に答案が1行ズレていたと気付いて直す人の動きみたい
真剣と言って
シャシャシャシャシャシャシャ

料理のプロは卵液の混ぜ方が全然違った！

オギ 先生！ 卵焼きって、均一な黄色でしっとりしていますよね。なのに、私の卵焼きは、まだらでボコボコしてるんです（P.61参照）。なぜでしょうか。

小田先生 焼き方以前に、**卵液の混ぜ方に原因があるのかもしれませんね。**

オギ いつも、生クリームを泡立てるときみたいに、グルグル円を描いて混ぜています。何なら、空気を含ませたほうがいいのかなと思っていたのですが。

小田先生 その混ぜ方はNGです。しっかり混ぜて卵液に空気が入ると、卵白のコシがなくなり**気泡ができて焼きムラの原因になってしまいます。**卵焼きのふんわり感は卵白のコシ、そして焼くことで飛んでしまう水分をいかに残すか、火の通りをいかにやわらげるかで生まれるものなんです。

王道！
甘めの卵焼き

材料（直径20cmのフライパンで作りやすい量）

卵……4個

A｜砂糖……大さじ2
　｜水……大さじ2
　｜しょうゆ……小さじ2

サラダ油……小さじ2
大根おろし……適宜
しょうゆ……適宜

作り方

1 ボウルに卵を割り入れ、箸先で卵黄を3～4回つぶして崩す。箸先を底に付け卵白を切るように30～40回混ぜる。Aを順に加えて、加えるごとに同じように混ぜ合わせる。

2 直径20cmのフライパンに油を入れ、中火で熱する。

3 卵液を菜箸の先に付けてフライパンに落とし、ジュッと音がして焼けたら、2/3量の卵液を流し入れて広げる。周りが固まってきたら、ゴムベラでぐるぐると10～15回混ぜ、スクランブルエッグ状にする。

4 フライパンの奥側、1/2程度に卵を寄せる。

5 手前の空いたところに、キッチンペーパーで油（分量外）をなじませ、少し熱して、残りの卵液の1/3量を流し入れ周りが固まってくるまで待つ。

6 フライパンの奥に寄せた卵の下にゴムベラを差し込んで卵液を流し込み、少し焼く。残りの卵液も2回に分けて同様に。ゴムベラで手前に向かってパタンと二つ折りにして、30秒～1分焼いて焼き色をつける。

7 アルミホイルの上に移し、包んで形を整える。粗熱が取れたら、取り出して切り分け、大根おろしとしょうゆを添える。

卵焼き 前編

高速の「垂直混ぜ」が卵焼き成功の秘訣！

白身のかたまりがなくなるまで徹底的に混ぜること！

卵を割り、箸先で卵黄をつぶして崩す。菜箸をボウルの底に突き刺すように垂直に立て、そのまま左右に動かして30〜40回混ぜる。

菜箸を垂直に立てて混ぜるのがコツ！

混ぜ方が適当だと、まだら模様に！

オギ作

卵液を10回程度しか混ぜていないため、白身が目立つうえ、気泡のせいで焼きムラだらけ。見た目はもちろん、食感のなめらかさも皆無！

先生作

しっとりなめらかな仕上がりの先生作の卵焼き。黄身と白身を短時間でしっかり混ぜることが重要なので、腕は疲れるけれど「菜箸を垂直に立てて30〜40回混ぜる」は絶対行って！

理想の卵焼きのキモは「砂糖」と「水分」！

小田先生 さて、卵液を混ぜたら調味料を加えていきましょう。今回のレシピはちょっと甘めで冷めてもふっくらおいしい、お弁当向きの卵焼きです。卵焼きは、**甘い味付けのほうが失敗しづらいんです。**

オギ それはなぜですか？

小田先生 卵の約6割を構成する卵白はほとんどが水分なので、火を通すとすぐに蒸発して硬くなりやすいんです。そこで砂糖の出番。砂糖を液体に溶かすと「とろみ」が出ますよね。とろみがあると、**火の通りを少し遅くすることができるんです。**卵液に粘度が出るので、焼くときも破れにくくなりますよ。

砂糖はたっぷり
甘めに！

しょうゆを加えてさらに混ぜる

オギ　なるほど、慣れないうちは砂糖を多めにするといいんですね！

小田先生　そうです。卵1個につき大さじ半分、今回は卵を4個使うので大さじ2の砂糖を入れます。砂糖は溶けにくいのでよく混ぜましょう。このときも菜箸は垂直に立て、左右に動かして。さらに水も加えます。

オギ　水をダイレクトに投入するんですか？

小田先生　理由は2つあります。ひとつは火を通したときに蒸発する卵の水分を補う目的。そしてもうひとつは砂糖は卵液に直に加えると溶けにくいので、しっかり溶かすために水が必要なんです。

オギ　へぇ〜。私のやり方と全然違う……。ところで、説明している間もずーっと混ぜ続けていますが、そんなに混ぜるものなんですか？

小田先生　そうですね、**砂糖が溶け残っていると味にも火通りにもムラができる**から、しっかり混ぜる必要があるんですよ。最後に、しょうゆも加えて再び混ぜていきましょう。

オギ　今まで、「混ぜる」をなめていました。反省です！

卵焼き 後編

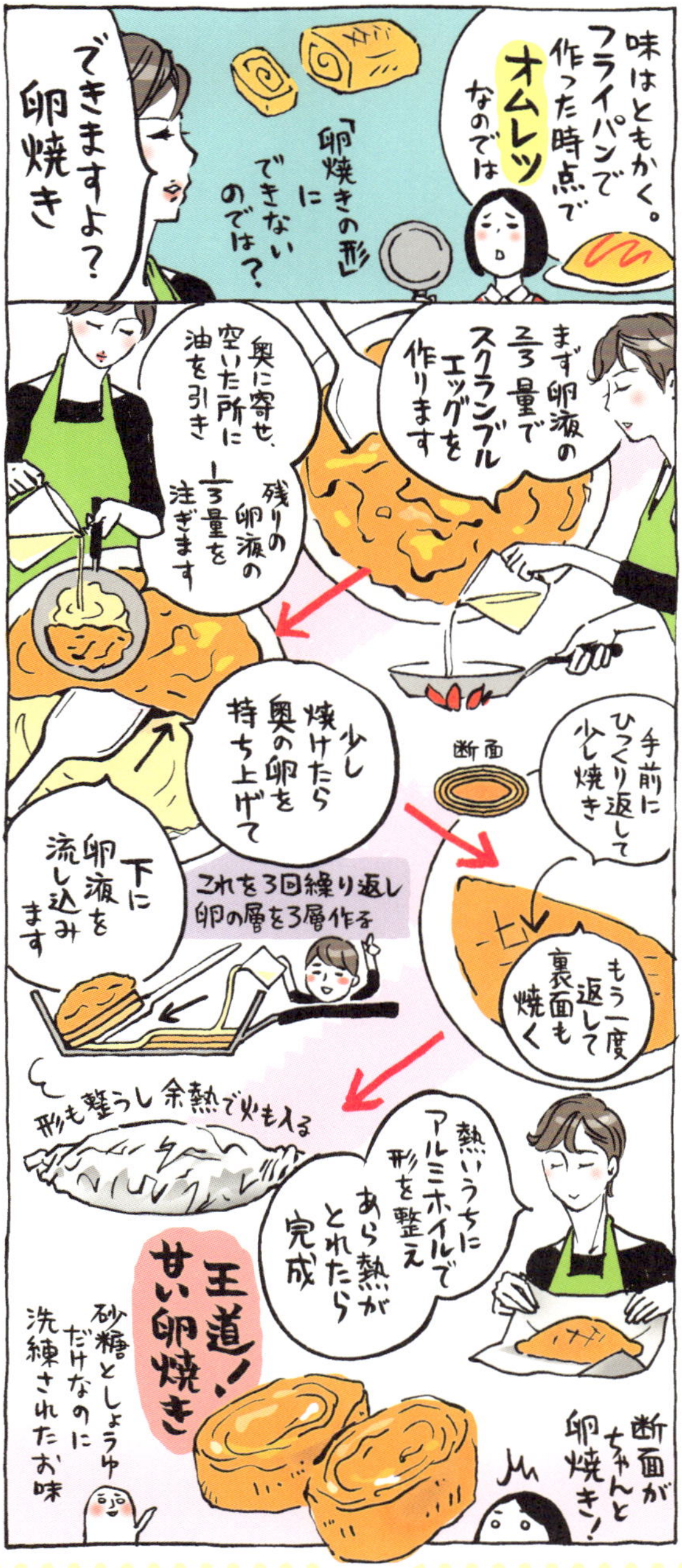
味はともかく。フライパンで作った時点でオムレツなのでは
「卵焼きの形」にできないのでは？
できますよ？卵焼き
まず卵液の2/3量でスクランブルエッグを作ります
奥に寄せ、空いた所に油を引き
残りの卵液の1/3量を注ぎます
手前にひっくり返して少し焼き
断面
少し焼けたら奥の卵を持ち上げて
下に卵液を流し込みます
これを3回繰り返し卵の層を3層作る
もう一度返して裏面も焼く
熱いうちにアルミホイルで形を整え
あら熱がとれたら完成
形も整うし余熱で火も入る
王道！甘い卵焼き
砂糖としょうゆだけなのに洗練されたお味
断面がちゃんと卵焼き！

フライパンがあれば、王道卵焼きは作れます！

オギ いよいよ「焼き」ですね。やっぱり、卵焼き器は必須ですよね？

小田先生 いいえ。今回は**直径20㎝のフライパンで作ろうと思います。**このサイズのフライパンを使うのは、卵焼き作りにちょうどいいサイズだから。フライパンが大きすぎると卵液が広く薄く広がってしまうので、火がすぐに通ってしまい焦げ付きやすいんです。

オギ え！ くるっと巻く卵焼きは、卵焼き器があってこそなのでは？

小田先生 卵焼き器がなくても大丈夫！ 焼き方のポイントをお伝えしますね。

1. 直径20㎝のフライパンを使う

2. 巻かずにスクランブルエッグ&オムレツ風に焼く
3. 「アルミホイル」で形を整える

オギ　フライパンを使うのはいいとして、「巻かずにスクランブルエッグ&オムレツ風に焼く」ってどういう意味でしょう?

小田先生　最初に卵液の3分の2量を使って、スクランブルエッグを作る要領で焼きます。次に、残りの卵液を3回に分けて流し入れ、**スクランブルエッグの周りに3つの層を作ります。**こうすると巻かなくても〝きちんと巻いた風〟の卵焼きが作れるんです。

オギ　薄い卵焼きを3回に分けて焼いて、それをスクランブルエッグに巻き付けるイメージですか?

小田先生　そうです。その状態になったら、オムレツのようにひとつにまとめて、さらにアルミホイルで包んで卵焼きの形に整えて完成です。実際にやったほうがわかりやすいと思うので、早速焼いていきましょう!

卵焼き 後編

卵焼きの「巻き」は、混ぜて↓重ねるの2段階で作る！

混ぜる

卵液の2/3量を
スクランブルエッグに
1

中火で熱したフライパンに卵液の2/3量を入れ、周りが固まってきたら、ゴムベラで円を描くようにゆっくりかき混ぜながら焼く。

フライパンの奥に
寄せてまとめる
2

スクランブルエッグができたら、ゴムベラでフライパンの奥に寄せてまとめる。くっついた卵もヘラを使えばキレイにはがせる。

重ねる

残りの卵液で薄焼き卵を作る

3

フライパンの空いているところに少量の油を引き、残りの卵液の1/3を入れる。中火で焼き、周りが固まってくるまで、少し待つ。

スクランブルエッグの下に流し込む

奥に寄せた卵をヘラで少し持ち上げ、フライパンを斜めにして卵液を流し込んで焼く。**3**、**4**の工程をあと２回繰り返す。

4

卵液が固まってきたらオムレツ状に

5

卵液がある程度固まってきたら、フライパンの奥側からヘラを差し入れ、手前にひっくり返し少し焼く。

もう1回ひっくり返す

6

卵を再度フライパンの奥に移動させ、**5**と同じ要領でヘラを使ってもう１回ひっくり返し、30秒〜１分焼く。

アルミホイルで形を整える

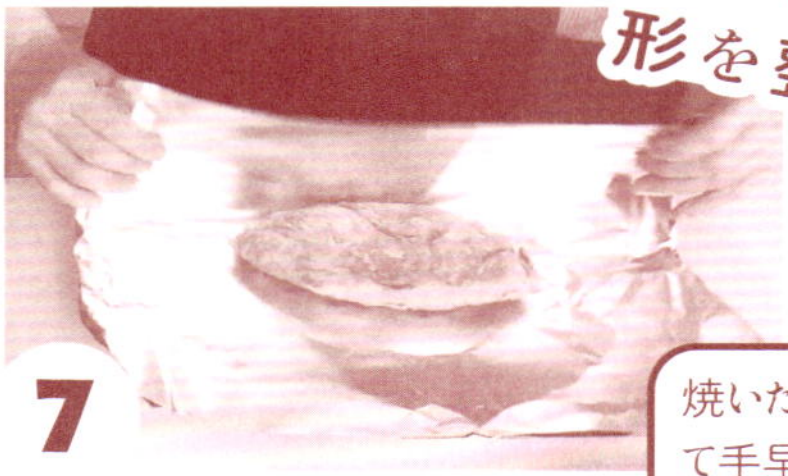

7

焼いた卵をアルミホイルの上に移して手早く包み、手のひらで軽く押さえて形を整える。粗熱が取れるまで5分ほど放置した後、アルミホイルを外して食べやすい大きさに切る。

8

＼完成！／

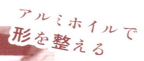

オギ 3層の薄焼き卵を作ってから、オムレツみたいにひっくり返して薄焼き卵を巻き付ける、ということがよくわかりました。でも、私がやるとモタモタして火が入りすぎてしまいそうです……。

小田先生 心配なら3回目の卵液が固まっていないタイミングで火を止めてもいいですよ。その場合は、ひっくり返した後に再度火をつけてくださいね。

オギ わかりました！ アルミホイルは**卵を焼く前にスタンバイしておいたほうがよさそうですね。**焼いてから準備していると慌てそうなので。

小田先生 それがいいと思います。そして、卵はかなり熱いので、アルミホイルは2枚重ねておくのがおすすめです。熱いうちに包めばキレイに形を整えられますが、**冷めてしまうと修正できないので、注意してくださいね。**上下の面が平らになるよう、そして角の部分ができるように形を整えましょう。

オギ みんながイメージする卵焼きですね！ 焼いている間に形がいびつになったとしても、後から手で修正できるのがありがたいです！

やってみた……

Before

卵液をしっかり混ぜていないため、まだら模様に。しかも、卵焼き器を持っていないことを理由に巻くことをあきらめた結果、クレープ風に折りたたむのが私のデフォルト卵焼き……。

After

最初は層がうまく作れなかったけれど、繰り返すうちに“ザ・卵焼き”なルックスに。先生おすすめのバッラリーニのフライパン（P.48参照）を使うと、より簡単に作れました！

まとめ

10回作れば
誰でもできる！
（たとえ形は悪くても
味は最高！）

コラム　フライパン、ちゃんと熱してる？

オギ　先生のレシピにはよく「フライパンを1分熱する」と書いてありますよね。

小田先生　そうですね。基本中の基本です。

オギ　実は……いつも、油を入れたら10秒くらい熱するだけで、すぐ具材を入れてしまっていました。1分って結構長いから待てなくて。

小田先生　そうなの!?

オギ　フッ素樹脂加工のフライパンは、具材がくっつかないからいいかな〜なんて（笑）。

小田先生　確かにくっつきにくいですが、**しっかり熱しないと油がフライパン全体に広がらず、温度ムラができやすくなってしまうんです。**

オギ　ん!?　フライパンを温めるのって、油を広げるためなんですか？

小田先生 短時間熱するだけで高温になる油の性質を利用して、フライパン全体を手早く均一に温めることができるんです。

オギ 油にそんな効果が！

小田先生 フライパンの温度が上がり、油がサラサラになるのに必要な時間が**だいたい1分～1分半。**油は温度が高くなると粘度が下がり、フライパンによくなじんで全体をムラなく適温にしてくれます。また、具材にも油がよりからみやすくなります。熱するのが不十分だと、具材を入れた途端フライパンの中の温度が下がり、具材の温度の上がり方にバラつきが出て、火通りにムラができてしまいます。

オギ それ、私の野菜炒めです……。「フライパンを熱する」といったレシピの手順ひとつにも、おろそかにしてはいけない理由がちゃんとあるんですね！

おにぎり

塩加減が適当だから味の個体差が激しい！

おにぎりは握りしめて正三角形に！
石垣の密度
形が大事
ぎゅっ
塩加減のブレは家庭料理の醍醐味！
工作？
先生のおにぎり
硬めに炊いたごはん100gに具を入れて少し冷ましておきます
ごはん量ったことなかったわー
軽くまとめたあと塩を溶かした水を手につけてふわっと握る！
優しく
手早く形成
本日の具
おかか梅
塩は直接手に取らず手水に溶く!??
私大粒の塩でじゃりじゃりのおにぎり作ったことあるわ
砂入ってる？
いつも作業台塩まみれにしてました
海苔を巻いて完成です
ご飯がふんわりほぐれる…
おいしい♥
塩手水は偉大な発明
塩加減もちょうど良い

塩加減のバラつきは「塩手水」で解決できる！

オギ　おにぎりの塩加減って、正解はあるのでしょうか？

小田先生　……ということは、塩加減がわからなくて困っているのね？

オギ　そうなんです！　いつも手のひらに塩をつけて握っているのですが、手に取る塩の量がまちまちだから味に差が出てしまうんです。おまけに、最初に手のひらに触れた部分の塩の量が一番多くなるから、ひとつのおにぎりの中でも味が濃い部分と薄い部分ができるし。あと、大きさがバラバラになるのも悩みです。

小田先生　確かに、おにぎりには**「適切な塩の量」**があります。そして、味のムラを防ぎ、ちょうどいい塩加減にするには、水に塩を入れて溶かした**「塩手水」**を使うのがおすすめです。握り方のコツも含めて解説しますね！

絶品おにぎり

材料（5〜6個分）

米……2合（360ml）
梅干し……3個
削り節……1パック（5g）
しょうゆ……少々
焼きのり……全形2枚（1枚を3等分して使用）
漬物（好みのもの）……適量

［塩手水］
塩……小さじ1
水……1/2カップ

作り方

1 米は炊く30分以上前に洗い、ザルにあげる。炊飯器の内釜に米を入れ、2合の目盛りよりやや少なめに水を加えて硬めに炊く。炊き上がったら、底から上下を大きく返すようにさっくりと混ぜる。

2 梅干しは種を除いて粗くたたき、削り節、しょうゆを加える。削り節に水分がなじむまでよく混ぜ、5〜6等分にする。

3 ラップを約20cmの長さに切ってお椀に敷く。お椀の半分くらいまでご飯を入れてざっとならす。ご飯の中央に2を1個分のせ、さらにお椀の2/3くらいまでご飯を足し、表面を平らにする。あるいは、ご飯100gを量ってお椀に入れ、中央をくぼませて2を1個分つめてもOK。手で直接触れる熱さになるまで約5分おく。完全に冷めるとうまく握れなくなるので注意。

4 ご飯を冷ましている間に塩手水を準備する。ボウルに水1/2カップ、塩小さじ1を入れて塩が溶けるまで混ぜる。

5 3のラップの端を集めてねじり、手で包み込むようにしてご飯を軽くまとめる。

6 5のラップを外して両方の手のひらに塩手水をつける。片方の手のひらにご飯をのせ、軽くつぶして平らにし、もう片方の手を「く」の字形に曲げてご飯を包むようにして三角形の角を作る。ご飯を手前に転がしながら3つの角ができるまで5回ほど握る。

7 形が整ったらのりを巻く。残りも同様に作る。

おにぎり

味や大きさのバラつきを解決！

塩手水を手のひらにつけて握れば、均等な塩加減に。水1/2カップに塩小さじ1を混ぜる。塩分濃度は5～6％と少し濃いめが、どんな具とも相性がいい。

味のバラつき防止には「塩手水」

ご飯を最初に均等に分けて大きさのバラつきを防止。ラップを敷いたお椀にご飯を100gずつ盛る（標準的なお椀の2/3量が約100g）。中央を指で少しくぼませ、具をつめる。

＊お椀を1つ（または2つ）しか持っていない場合はお椀に2/3量のご飯を入れたら、ラップの口を閉じずにお椀から取り出し、粗熱を取る。これを作る個数分繰り返す。

大きさを均等にするには「お椀で等分」

「5回握る」でふんわり食感に！

1

粗熱が取れたら、具を覆うようにご飯を中心に寄せて、ラップごと持ち上げる。軽く握り丸い形にまとめる。

2

ラップを外し、両方の手のひらに塩手水をつける。手を「く」の字形にして、おにぎりをやさしく包み込み、三角形に握っていく。

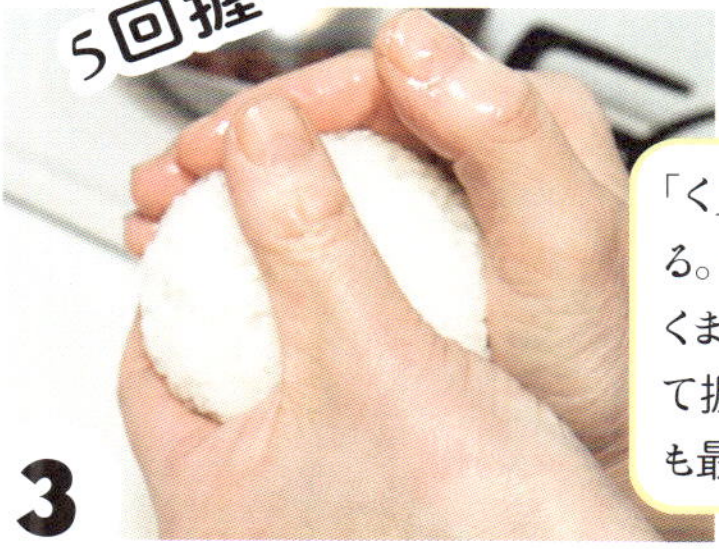

3

「く」の字形の手で約5回握る。一度、ラップで包んで軽くまとめているため、力を入れて握る必要はナシ。塩手水も最初に1回つければ十分。

塩加減も噛みごたえもパーフェクト!

オギ 先生のおにぎり、塩加減がちょうどいい! 塩手水が偉大すぎる! 噛むと口の中でご飯がホロホロとほぐれていくのも絶妙です! 私のおにぎりはもっと硬くてべちゃっとしているのに……。

小田先生 **軽く握ると、ホロホロとほぐれるので食べやすくなるんです。**逆に、強く握ると米粒がつぶれるし、食感も今ひとつになってしまいます。

オギ 具の梅おかかも最高です~。塩手水をつけたご飯はやさしい塩加減で、梅おかかはしっかりとした塩気。この味のバランスにもポイントがあるんですか?

小田先生 好みにもよりますが、中の具にしっかり塩気があるほうが「ちょうどいい塩加減」だと感じやすいですね。

まとめ

「水2分の1カップ、塩小さじ1」の塩手水があれば理想のおにぎりに！

味噌汁

味噌は奥の深い調味料です
味も香りも千差万別
九州味噌
赤味噌
一概にこう!と言い切れない
白味噌
麦味噌
信州味噌
自家製
たしかに
白味噌とかジャムみたいに甘いですもんね
共通点は大豆を塩とともに米麹で発酵させていること。
味噌…おそろしい子!
そして旨みがスゴイ
先生の味噌汁
うんまっ
削り節を使った簡易的味噌汁です
おいしいです〜
そうでしょう!
スゴイでしょう旨みが。
幸せの味がします
味噌って何なんでしょうね
味噌は概念的調味料
いつか味噌の神髄に触れたいです
さあ…
「おいしい」の探求は続く。

味噌汁のキモは正しい塩分濃度！

オギ 味噌汁って、やっぱりだしは必要ですか？

小田先生 基本的には、具材を煮込んで旨みを引き出してから味噌を入れれば、だしがなくてもおいしいですよ。

オギ 「旨みを引き出す」が難しいんですよね〜。もっと簡単な方法をぜひ！

小田先生 「具材を煮込む時間がない、すぐごはんにしたい」という場合は、手軽にだしの力を借りるのもアリです。まずは塩分濃度について知っておきましょう。

オギ 塩分濃度って意識したことないかも……。

小田先生 人がおいしいと感じる塩分濃度は1％前後。味噌汁作りは、**「大さじ1の味噌を200ml（1カップ）の水に入れる」**と覚えておくといいですよ。

「簡単だし」で
絶品味噌汁

材料（2人分）

A｜味噌……大さじ2
　｜水……大さじ1
　｜削り節……1パック（5g）
水……2カップ
長ネギ……1/2本（約50g）
豆腐……1/3丁（約100g）

作り方

1　ボウルにAを入れてよく混ぜ合わせ、だし味噌を作る。長ネギは1cm幅に切る。豆腐は2cm角に切る。

2　鍋に水を入れて強火にかける。沸騰したら長ネギを加えて2分、さらに豆腐を加えて1分煮る。

3　再び煮立ったら中火にし、柄付きのザルにだし味噌を入れて鍋にセットし、こしながら加えて溶きのばす。煮立つ直前に火を止め、器に盛る。

味噌汁

削り節をだしの代わりに！時短で作れる絶品味噌汁

だし味噌を作る

1

味噌大さじ2に水大さじ1を加え、さらにたっぷりの削り節（5g）を加える。

30秒ほどしっかり混ぜる。パック入りの削り節を使うと、短時間で香り高いだしを手軽に取ることができるので、たっぷり使うと◎。

2

3

鍋に水を入れて火にかける。沸騰したらネギを加え、2分煮て甘みを出す。2分経ったら豆腐を加え、1分ほど煮て、同様に甘みを引き出す。

だし味噌を溶かす

4

1分経ったら、鍋にザルをセットし、その中にだし味噌を入れる。ヘラを使ってこすようなイメージで溶かしていく。ザルに残った削り節は捨てる。

5

だし味噌を溶かしたら、火を止めて完成。味噌は加熱によって味や香りが変化しやすいので、火の通しすぎは禁物。食べる直前に味噌を加えると、香りが楽しめる。

「水1カップにつき味噌大さじ1」を心に刻むべし!

オギ　滋味深いお味です〜。先生の味噌汁を飲んで、塩分濃度の重要性がわかった気がします。「**1％前後の塩分濃度がおいしく感じる**」のは真理!

小田先生　そうです。味噌の塩分濃度は11〜13％前後。大さじ1の味噌は約18gなので、塩分量は1・9gになります。最初に「大さじ1の味噌を200ml（1カップ）の水に入れる」とお伝えしましたよね。**200mlの水に1・9gの塩分が溶け込んでいるということは、塩分濃度が1％前後になるんです。**もっと多くの量を作るにしても、この割合を覚えておくといいですよ。

オギ　なるほど〜。それにしても、削り節だけでこの深みが出せるのもすごいですね!　しかも調理に10分もかかってない。我が家の定番メニューに決定です!

まとめ

「1%の塩分濃度」と「削り節」を制すればプロ級の味噌汁に！

野菜炒め

べちゃっとするし
キャベツは焦げるし
ニンジンは半生。
悲惨です……

いや〜 目から鱗の連続でしたね〜
メシマズの常識をぶっ壊す工程満載
先生の野菜炒め
油を入れたフライパンは1〜1分半加熱する
中火
予熱が長い
具を入れる前に1分半!!
いつも30秒くらいで投入してました〜
炒める＝鍋をあおるだと思ってました
お肉はほぐさない 野菜を重ねて蒸し焼きに
2分くらいこのまま
静の加熱
キャベツという名のフタ
野菜
お肉
あおらない
焦がしじょうゆは鍋肌ではなく真ん中で作る
じゅう
最後の仕上げの時のみあおって良し
よっ
たしかに鍋のフチより火のあたりが強い
具を入れて3分強で完成
早い
メシウマ料理は合理的でスピーディー

野菜炒め

「火通りバラバラ問題」は具材の切り方で解決できる!

オギ 野菜炒めがべちゃっとします〜! あと、具材によって火の通りがバラバラなのも悩みです。食べるとき、地味にストレスを感じるんですよね……。

小田先生 悩みが尽きませんね（笑）。まず、肉とすべての野菜に同じタイミングで火が通る切り方を教えますね。

オギ すべて同じタイミングで火が通るなんて可能なんですか!?

小田先生 可能ですよ。そのために**「火の通りやすさ」**や**「水分量の多さ」**で**具材の切り方や大きさを変えています**（P.95参照）。切るサイズの目安は、ニンジン→タマネギ→ピーマン→キャベツの順で大きくなります。火通りが早いキャベツは水揚げ（P.20参照）しておけば、長時間加熱しても焦げにくくなりますよ!

初心者にやさしい
野菜炒め

材料（2人分）

豚バラ薄切り肉または肩ロース薄切り肉……200g
キャベツ……150g
タマネギ……1/4個（50g）
ピーマン……1個
ニンジン……30g
ゴマ油……大さじ1
A｜しょうゆ……大さじ1、砂糖……小さじ1

作り方

1 キャベツは大きい葉のまま根元の部分を冷水に20分つけてパリッとさせ、水気をよく切って5～6cm角に切る。

2 タマネギは5mm幅に切り、ニンジンは3～5mm角の棒状に切る。ピーマンは縦半分に切り、種とワタを取って斜め1cm幅に切る。豚肉は6～7cm幅に切り、軽くまとめる。

3 直径26cmのフライパンにゴマ油を入れて中火で1分～1分半熱し、豚肉→タマネギ→キャベツ→ニンジン→ピーマンの順に広げて重ねて入れる。

4 火を少し強め、具材を上から木ベラで押しながら2～3分焼く。

5 豚肉に焼き色がついたら、全体を返して30秒～1分炒める。

6 中央を空け、Aを入れて十分に煮立てる。全体にからめ、水分を飛ばしながら炒め合わせる。

野菜炒め

「蒸す→炒める」が野菜炒めの正解だった!

「肉は広げない」が柔らか食感を守るコツ

1

油を熱したフライパンに、肉を広げず入れる。これなら長く加熱しても硬くなりにくい。

野菜の水分を利用して蒸し焼きに!

蒸す

2

肉の上に野菜を重ねる。タマネギ→キャベツ→ニンジン→ピーマンの順に入れて火を強め、上から木ベラで押して2〜3分蒸し焼きに。

炒める

全体をひっくり返してしっかり炒める

3

豚肉の色が変わり片面に焼き色がついたら、肉が上、キャベツが下になるよう全体を返してさらに30秒〜1分炒める。全体に油が回ってキャベツがしんなりしたらOK。

調味料を入れたらまず煮立てる！

4

フライパンの中央を空け、調味料を入れる。そのまま調味料を煮立てて焦がし付け、水分がなくなってきたら具材と混ぜる。最後にしっかり炒めて水分をさらに飛ばす。

調味料を入れたらまずは煮立てて水分を飛ばして

小田先生 では火を通していきます。ポイントは、最初に「**蒸す**」こと。野菜の水分を利用して蒸すから焦げ付きにくく、野菜の水分を残して中まで火を通すことができるから、シャキッとした歯ごたえになるんです。

オギ すごい！　これなら調理するときも慌てずにすみそうです。

小田先生 蒸したら火を強めて炒めます。しんなりしたら調味料を入れますが、いきなり具材とからめるのではなく、**しっかり煮立てて**（**P.97参照**）**水分を飛ばしてくださいね**。フライパンを最初からあおると火から離すことになるので、フライパンの中の温度が下がってしまいます。まずはしっかり焼いて炒めること。最後にあおってもいいですが、あおらなくてもおいしくできますよ。

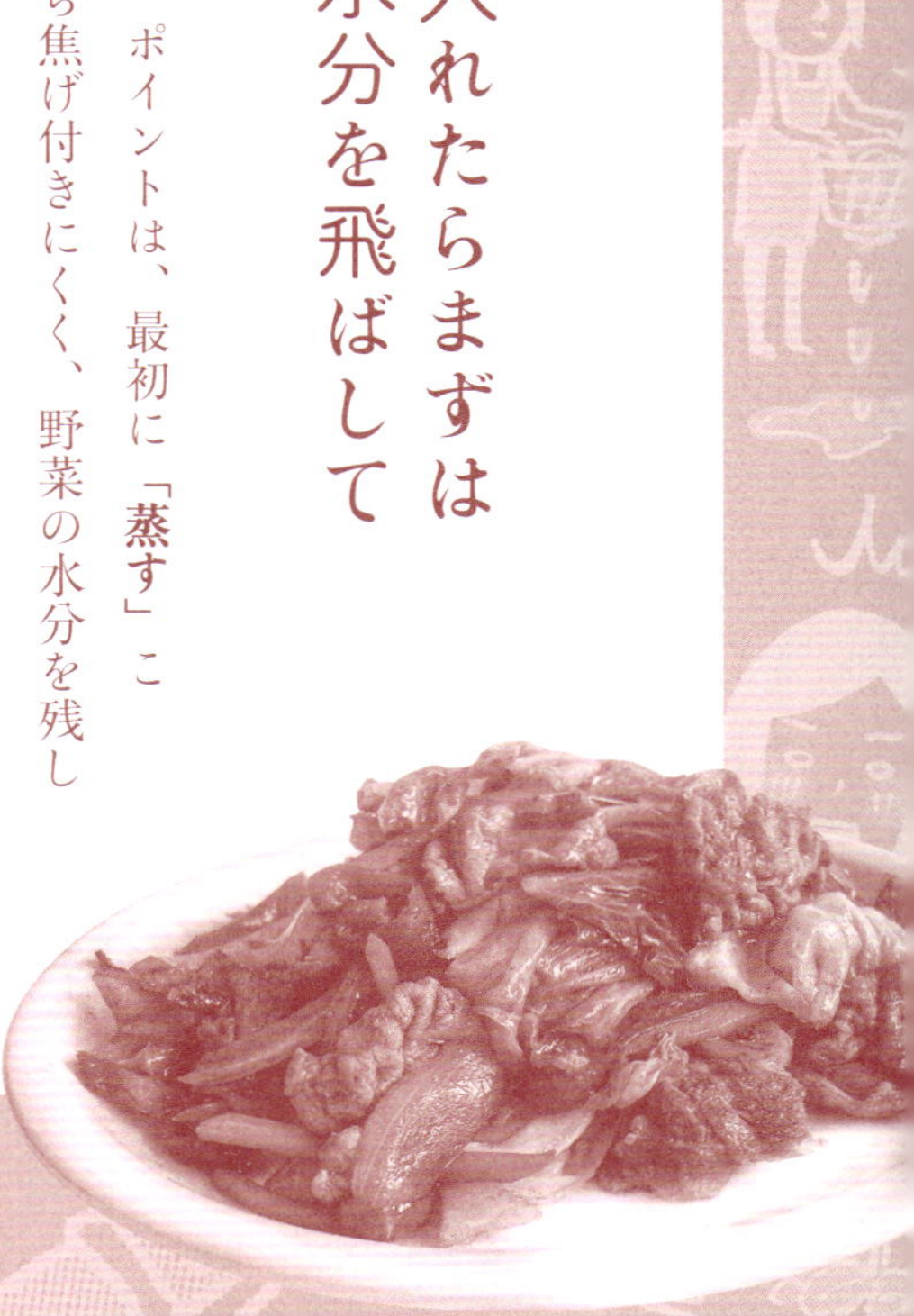

まとめ

蒸す&炒めるの
合わせ技で
シャキシャキの
歯ごたえが叶う!

鶏モモ肉のソテー

だいたい
生焼け
毎回、電子レンジで
追い加熱

いやー 衝撃的でしたねー
メシマズのメシがマズイのは理論をともなわない「常識」のせいだった
先生の鶏モモ肉のソテー
焼く前に常温に戻す
焼きムラをなくす
調理20分前から「焼き」は始まっている
皮下脂肪を取り除く
鶏臭さの源
やるとやらないとでは大違い
塩を振って20分程度おく
皮には「味が入らない」ので肉の面だけに塩を振る
フライパン温めすぎない
触れるくらいの温度で
肉をイン。
皮の面を焼く
いじらずに7分
裏面も焼く
ときどき油を広げる
いじらない！3分
すぐカットしちゃダメなの!?
フライパンから取り出し1分以上休ませてからカット
一番おいしい時では!?

鶏モモ肉のソテー

肉を常温に戻す＆肉の下処理は、サボっちゃダメ！

オギ 鶏モモ肉は「生焼け」が怖くて……。焼けたと思って切ったら中がピンクのままで、電子レンジで「追い加熱」することもしばしばです。

小田先生 やり方をきちんと知れば大丈夫！　まず大切なのは次の３つです。**❶焼く20分前には冷蔵庫から出す。❷下処理で皮下脂肪を取って鶏特有の臭みを抑える。❸塩を振って20分おいて味をなじませる。**

オギ ❶は必要ですか？　いつも冷蔵庫から出してすぐ焼いちゃってます。

小田先生 **絶対必要です。**冷蔵庫から出したての肉は約５℃。それに対し、温めたフライパンは１００℃以上。温度差がありすぎると表面だけ焼けて、生焼けの原因になるんです。この３つをきちんとやれば、おいしさがグンとアップしますよ。

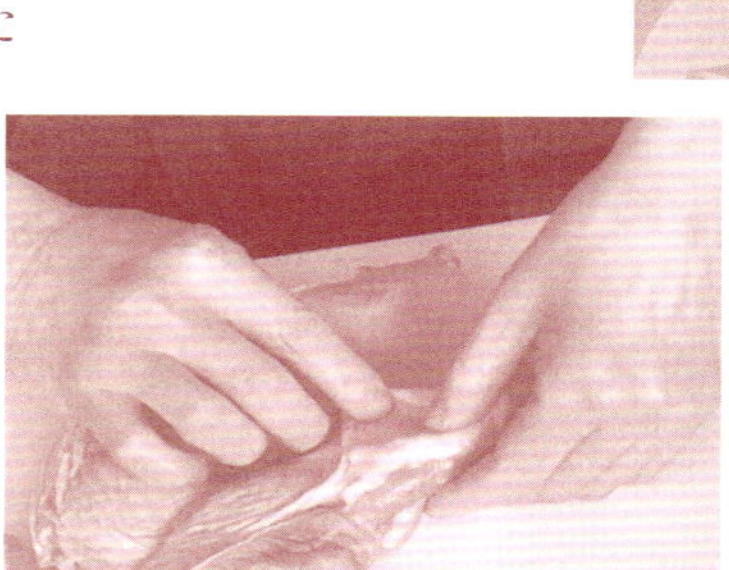

パリパリ、ジューシー！

鶏モモ肉のソテー

材料（2人分）

鶏モモ肉……2枚（500g）
塩……小さじ1（肉の0.9〜1%）
サラダ油……小さじ2
くし切りレモン……適宜
粒マスタード……適宜
ベビーリーフなど……適宜

作り方

1 鶏モモ肉は皮と身の間の余分な脂肪を取り、筋を切る。塩を身の面にのみ振り、20分程度おく。出てきた水気は軽く拭き取っておく。

2 直径26cmのフライパンに油を入れて、30秒〜1分加熱する。（薄手のフライパンなら30秒でOK）

3 フライパンが温まったら、皮目を下にして鶏肉を入れる。皮を油に軽く押しつけながら鶏肉を動かし、フライパンに引いた油を全体に広げる。

4 中火で7〜8分、返して3〜4分焼く（蓋はしない）。出てきた脂はたたんだキッチンペーパーなどで軽く拭き取る。油・脂を取りすぎるとかえって焦げやすくなるので、取りすぎに注意。

5 厚みのある部分に竹串を刺して2秒後に抜き、手の甲に当てて温かさを感じれば焼き上がり。

6 フライパンから取り出して2〜3分おき、余熱で火を通したらそぎ切りにして盛り付ける。粒マスタード、レモン、粗挽きコショウなど好みのものを添える。

鶏モモ肉のソテー

焼き始めの「7分放置」が成功の秘訣！

1 皮目を下にして焼く

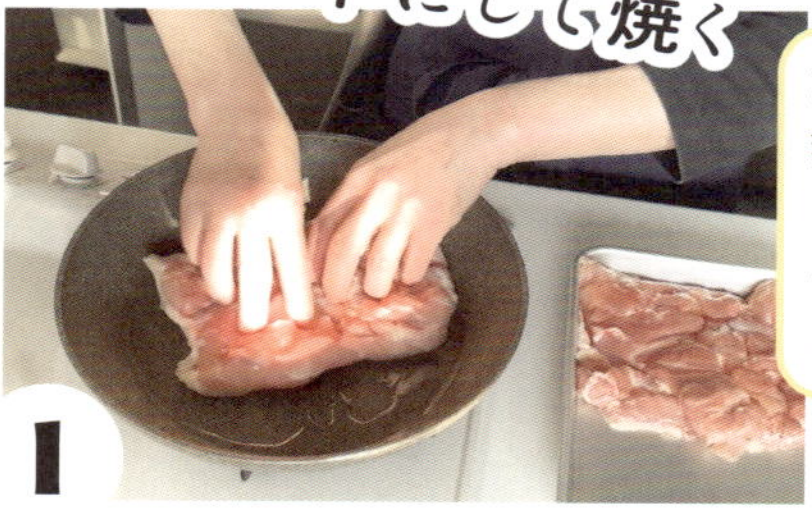

油を引いたフライパンを熱したら、皮目を下にして鶏肉を入れる。軽く押しつけながら動かし、油を全体に広げる。

2 7分放置していじらない！

フライパンに鶏肉を入れたら、そのまま7分ほど放置する。途中で動かしたり返したりすると、熱を逃がすことになるため、極力触らないようにする。

3 肉のふちが白くなったら焼き色をチェック

7分ほど経つと、肉のふち1cmくらいのところの色が白っぽく変わってくる。肉を少し持ち上げて皮目をチェックし、好みの焼き色になっていたらひっくり返す。

ひっくり返したら3〜4分焼く

「肉を冷蔵庫から出して常温に戻す」「塩を振って時間をおく」ことで、写真のように均一でキレイな焼き目になる。ひっくり返したら、さらに3〜4分焼く。

4

竹串を使って火通りをチェック

3分経ったら、厚みのある部分に竹串を奥まで刺し、火が通っているかをチェック。スッと抜いてすぐに手の甲に当て、温かさが感じられたらできあがり。少し冷たく感じたら、さらに1分焼く。

5

肉が焼けたら、すぐに切らず2〜3分休ませて

小田先生 さあ、肉をフライパンから取り出したら、そのままの状態で最低でも1分、**できれば2〜3分休ませます。**

オギ どうして休ませるんですか？

小田先生 理由は2つあります。ひとつは、余熱で中心部までしっかり火を通すため。もうひとつは、肉汁が流れ出るのを防ぐためです。フライパンから取り出してすぐに切ると、加熱されて活発に動いている肉の中の水分＝肉汁が流れ出してしまいます。休ませることで、肉汁の動きが落ち着き、身に吸収されて流出しにくくなるんです。

オギ 3分待ってカットして、いただきま〜す。……焼き加減も味も最高です！

まとめ

〝7分放置焼き〟を厳守すれば生焼けの恐怖から解放される！

豚しゃぶサラダ

調理とは本来
食べても大丈夫な状態にすること。
吐き気
豚肉の生食は危険
発熱
腹痛
生煮えを避けるためならパサパサになってもかまわない
肝炎
豚しゃぶサラダ
「茹でる」とは温度のコントロールです
100℃
硬いパサパサ
80℃
美味
70℃
生
0℃
安全とおいしいが両立
この温度を保つ
ナルホド
沸かしたお湯4〜5カップに200gの肉を入れると
だいたい80度
試行錯誤してたどりついたベストバランスです
おいしいのために研究を!?
2分後に引き上げて完成!
ほう〜!
実食
メシウマそれは愛。
アメージング
うっま!

豚しゃぶ成功の秘訣は「温度コントロール」！

オギ　肉って、茹でるのも難しくないですか？　特にしゃぶしゃぶみたいな薄い肉はパサついたり硬くなったりで。生煮えよりはマシ！とは思いますけど……。

小田先生　大丈夫、ちょっとしたコツさえ覚えれば、誰でもしっとりやわらかな豚しゃぶは作れます。**大事なのは「温度コントロール」です。**

オギ　温度？　グラグラ沸騰したお湯に肉を投入して完了、ではないんですか？

小田先生　そうですね。沸騰した100℃のお湯で一気に熱を通すと、タンパク質が固まりすぎて肉が硬くなったり、旨みを含んだ水分や脂分が抜けてパサついてしまうんです。しゃぶしゃぶのときは**お湯の温度は70〜80℃がいい**といわれています。肉のタンパク質が適度に固まり、旨みも感じやすくなりますよ。

しっとり・さっぱり!

豚しゃぶサラダ

材料(2人分)

豚薄切り肉(肩ロース・しゃぶしゃぶ用)
……200g
タマネギ……1/2個(約80g)
サラダ菜……1/2株(約60g)
ミニトマト……6個
刻みゴマ……小さじ2

A
しょうゆ……大さじ1
酢……大さじ1
砂糖……小さじ1/2
ゴマ油……小さじ2
コショウ……少々

作り方

1 鍋に4カップの熱湯を沸かし、豚肉を入れて火を止める。菜箸でゆっくりと肉をほぐしながら2分ほど火を通す。肉の色が変わったらその状態で2分おき、ザルにあげて水気を切り、そのまま粗熱を取る。

2 タマネギは繊維を断つように薄切りに、サラダ菜は大きくちぎり、冷水に10分つける。ザルにあげて水気を切り、キッチンペーパーで水気を拭く。ミニトマトはヘタを取り横半分に切る。Aは混ぜ合わせ、タレを作る。

3 豚肉にタレを少量加えて、揉みからめる。2と軽くあえて盛り付け、タレをかけ、刻みゴマを振る。

*レシピの倍量作る場合は、湯の分量を倍量より1～2カップ多めにする(肉の分量が多いと水温が下がりやすくなるため)。例:4人分なら肉400gに対し、湯は9～10カップに。

豚しゃぶサラダ

パサつきを阻止するには「70〜80℃」を死守して！

「肉を常温に戻す」はマスト！

1

4〜5カップの水を鍋に入れ、沸騰させる。肉は調理する10分ほど前に冷蔵庫から出し、常温に戻しておく。

「湯と肉の分量」も超重要！

2

沸騰したお湯（約100℃）に肉200gをほぐしながら少しずつ入れる。

＊4〜5カップの100℃の湯に、常温の水（もしくは肉）200gを入れると約80℃になる（小田先生調べ）。

投入完了したら火を止める

3

豚肉を入れたら火を止め、菜箸でゆっくりほぐす。かき混ぜすぎると温度が下がるので注意（この時点でお湯は80℃に）。この段階では肉がピンク色でも大丈夫。

肉の色が変わったら「2分放置」!

4

全体的に肉の色がピンクから茶色に変わったら、その状態のまま2分おく。温度が高い状態で取り出すと肉が乾燥するので、少し湯温が下がるのを待つ。

2分経ったら取り出して自然に冷ます

5

2分経ったら肉を取り出し、ザルにあげて粗熱を取る。鍋に入れっぱなしだと、アクや脂が肉に付着して、味や口当たりが悪くなるのできちんと取り出すこと。

豚しゃぶサラダ

「しゃぶしゃぶのタレをドバッとかける」はNGです！

小田先生 さあ、味付けしていきましょう。人肌くらいまで冷ました肉をボウルに移し、味をつけます。混ぜておいたしゃぶしゃぶ用のタレを小さじ1～2程度、手で揉みからめてください。

オギ 最後にタレを全体にかけてできあがりというわけではないんですか？

小田先生 今回は、茹でる前に肉に塩などをしていないので、全体に調味料を混ぜるだけだと、肉だけ物足りない感じになるかもしれません。**タレで肉に味をつけておいたほうが、食べたとき味にまとまりが出せるんです。**

オギ へぇ～。このひと手間でおいしさに違いが出るんですね。

小田先生 ちぎったサラダ菜とタマネギを別のボウルに入れ、ここにも**小さじ1程**

度のタレを混ぜていきます。盛り付けてからタレをかけると、必要以上にたくさんかけてしまって、野菜の水分が出て水っぽくなってしまうんです。

オギ 私の作る豚しゃぶサラダが水っぽかったり、味にムラがあったりする理由がよくわかりました……。

小田先生 野菜のボウルに切ったミニトマトと豚肉を少し加えてあえます。

オギ 肉を少し加えるのはなぜですか？

小田先生 野菜全体の味のムラをなくし、まとまりをよくするためです。最後に、残りの肉を上にのせるとボリューム感も出ますね。皿に盛り付けて残りのタレをかけたら、刻みゴマを振るのも忘れずに。なくてもいいのですが、ゴマが食材に張り付くことで、皿の底にたまりがちなタレが肉や野菜にとどまり、タレのからみがよくなりますよ。

オギ 単なる飾りだと思っていたゴマに、そんなすごい効果が⁉ 簡単な料理のようだけれど、味付けのちょっとした工夫がすごいです。

小田先生 こういった工夫をすることで、もっとおいしくなりますよ。

豚しゃぶサラダ

オギ　この豚しゃぶ、めちゃめちゃ肉がやわらかい！　しっとり！　肉の甘みが感じられておいしい！　食感も味も、自分で作るものとここまで違うのか〜と衝撃です。味も全体にからんでいて、味がしないところも、味が濃すぎるところもありません！

小田先生　満足してもらえてよかったわ。今回豚肉は**肩ロース**を使いましたが、ほどよく脂があってやわらかく、赤身の旨みもあるから、豚しゃぶにぴったりの部位なんです。

オギ　そういえば、私はいつも茹でた肉を水にさらしていたのですが、もしやそれも間違いでしょうか？

小田先生　そうですね。水っぽくなるのはもちろんですが、温度差で肉が硬くなり、脂も固まってしまいます。**自然に冷ましたほうが、おいしく食べられますよ。**

オギ　わかりました！　今後はこのレシピに忠実に作ります！

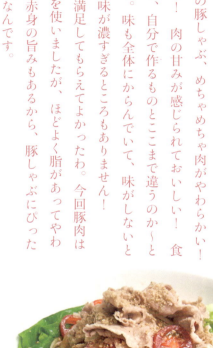

まとめ

温度のこと
なめてました（反省）。
こんなにおいしく
なるなんて！（驚愕）

コラム 豚肉の「部位の違い」把握してる？

オギ　豚肉の部位の違いってあまりわかっていなくて。特別な料理でもない限り、豚コマ買っておけばＯＫでしょ！って思ってました。

小田先生　**同じ豚肉でも部位ごとに特徴も味もかなり違いますよ。**どれも旨みはあるのですが、それを感じる速さが部位によって違うんです。脂身が多いバラや肩ロースは脂身と赤身の旨みをすぐ感じやすく、やわらかいぶん噛みやすい。モモやロースは硬くて噛んでいくうちにジワジワ旨みが感じられるため、少し時間がかかります。だから、部位ごとにふさわしい調理法や料理があるんです！

オギ　あれ、そういえば、豚コマはどの部位になるんですか？

小田先生　豚コマは、いろんな部位をカットするときの切れ端を集めたもの。部位の名称ではないんです。一般的には安価なモモが中心になっていますよ。

こんな料理にピッタリ！

ロース……トンカツ、ポークソテーなど。

モモ……味噌やオイスターソースを使う、
濃いめの味の料理に◎！

肩ロース……薄切りならカレーや焼きそば、
野菜炒め、ブロックなら焼き豚にも。

バラ……角煮、しゃぶしゃぶ、炒め物など。

チャーハン

チャーハンといえば
スピードと火力
コンロの限界強火で
一気にあおる
わあ
必死!
先生のチャーハン
（ご飯を炒める）
卵液をまとわせたご飯
ご飯に火が通るまで
ご飯を広げたら1分触らない
絶対に混ぜない
静
きっちり焼き付けたら
ほぐしてパラパラに。
そして焼く↓ほぐすをくり返して好みの状態に。
ほー
味付けをして
完成
じゅわわわ
先生一度もフライパン持ち上げなかった…
あおると熱が逃げちゃいますよ〜
コツは先に表面の卵コーティングを固めること
あおるなら後で。

チャーハン

「卵とご飯を最初に混ぜる」がパラパラ食感への近道！

オギ さまざまな「チャーハンをパラパラにする方法」を試しているのに、一度もパラパラしません！　もはや、家庭のコンロの火力では無理なのでは？

小田先生 では、今回はご家庭でできるパラパラチャーハンを教えますね！　まず、具材は水気が少ない（＝べちゃっとしない）ものを選びます。ご飯は「炊きたてのもの」でも、「温め直したもの」でも、粗熱を取ればどちらでもＯＫです。そして、パラパラさせるためのもうひとつのポイントが**「卵コーティング」**です。

オギ 卵コーティングとは？

小田先生 炒める前に卵液で米粒をコーティングする方法です。火を通したときに卵のタンパク質が固まって、ご飯がベタつかずパラパラになるんです。

パラパラ☆チャーハン

材料（2人分）

ご飯（粗熱を取ったもの）
……350〜400g（茶碗2〜3杯分）
卵……2個
焼き豚（かたまり）……80g
長ネギ……1本（約80g）
生しいたけ……4枚
塩……小さじ1/2
ゴマ油……大さじ2
しょうゆまたはオイスターソース
……小さじ1〜2

作り方

1 焼き豚は1.5cm角に切る。長ネギは縦四ツ割にし、1cm幅に切る。しいたけは根元の硬い部分を切り落とし、1.5cm角に切る。

2 ボウルに卵を割りほぐし、ご飯を入れたボウルに加えて木ベラで切るように混ぜ合わせる。ご飯全体に卵がからみ、色が均一になったら塩2つまみ（分量外）を加えてさっと混ぜる。

3 直径26cmのフライパンにゴマ油を入れて中火で2分熱する。焼き豚、長ネギ、しいたけを広げて1分いじらず焼き、上下を返す。中央をざっと空けて、卵液ご飯を加える。

4 ご飯と具材を全体に広げて2分焼いたら、木ベラでほぐしながらご飯が乾いてパラリとするまで6〜7分炒める。

5 塩を全体に振り、1分炒める。中央を空けてしょうゆを煮立て、しっかり炒め合わせて器に盛る。

チャーハン

パラパラの秘訣は「卵コーティング」と「あおらない」

しっかりかき混ぜた卵をかける

1

ボウルに卵を割り、菜箸を垂直に立ててしっかりかき混ぜる（P.60参照）。黄身と白身がしっかり混ざったら、ご飯にかけてからめる。

卵液を米粒にまとわせる

2

米粒に卵液をまとわせるよう、木ベラでからめる。ご飯を切るように木ベラを動かすと、米粒がつぶれにくく、粘りも出ない。

フライパンをまず2分熱する

フライパンに油を入れ、2分熱する。これもパラパラチャーハンには必須。具材を入れて1分いじらず火を通してから、木ベラで上下を返す。

ご飯を入れたら2分待機！

具材に油が回ったら、中央を空けてご飯を投入。全体に広げて平らにし、2分いじらず卵液のタンパク質を固めていく。

フライパンは動かさずしっかり炒める

2分経ったら、木ベラで底からすくって上下を返し、切るように混ぜ6〜7分炒める。この時点でパラパラに。フライパンをあおると温度が下がるので、動かさない。

味付けの秘訣・仕上げのしょうゆは「中央に入れる」が正解！

オギ 木ベラでほぐしながら炒め始めてから5分以上経っていますが、結構長い時間炒めるんですね。もっとスピーディーに済ませるのかと思っていました。

小田先生 強火×短時間で炒め上げるのは難易度が高いので、**最初から最後まで「中火」**で、好みのパラパラ具合になるまで、気長に炒めていきましょう。ちょうどいいパラパラ具合になったら味付けを。まず塩を投入します。

オギ 塩を入れたらまた炒めるんですね。

小田先生 1分くらい炒めたら、フライパンの中央を空けます。そこにしょうゆを入れて煮立てます（写真）。

オギ 野菜炒めを作るときも驚いたのですが、しょうゆといえば、鍋肌という

か、フライパンの側面にぐるっと回しかけるものだと思っていました。

小田先生　フライパンの中央部分も「鍋肌」ですよ。直火に当たっていて**確実に熱することができる場所に調味料を入れて焦がす**ことで、しっかりと味を出すことができるんです。

オギ　なるほど。「きちんと熱すること」を考えたら、温度が高いフライパンの中央部分のほうが確実ですよね。なぜかチャーハンって「プロの作り方のイメージ」が強すぎて、それを真似しようとしちゃうんですよねえ。

小田先生　そうですね。理論を理解したうえでやるならいいのですが、なんとなく形だけ真似しようとすると、「イメージしていたものとなんだか違う」という結果になってしまいますね。

オギ　振り返ってみると、そういうことばっかりかも……。

小田先生　煮立てたしょうゆを全体にからめて、さらにしっかり炒め合わせれば完成です！

オギ　香りといい、パラパラ感といい、理想の仕上がりです！

チャーハン

オギ　先生のチャーハン、パラパラしているし、ちゃんとしっとり感もあって、我が家では食べたことがない仕上がり！　具材も食べごたえがあって、満足感がすごいです！

小田先生　家庭のコンロでもこんなにパラパラになるんですねえ〜。卵コーティングしたり、長ネギなど水分が少なめの具材を選んだのもポイントですが、**フライパンの温度が下がらないようにしたこと**もコツのひとつです。そのためにはフライパンを振ってあおらないことが重要。振ってあおると、家庭のコンロの火力だとフライパンの温度が下がってしまうので。

オギ　ああ〜、それもやりがちです。フライパンを振って具材を飛び散らせたり、めちゃくちゃ手早く混ぜようとして疲れ果てたりしていました。「卵液をよく混ぜる」「フライパンを2分しっかり熱する」という細かい工程もしっかりやって、今度こそ、パラパラリベンジしたいです！

まとめ

人生で初めて
パラパラチャーハンが
自分で作れました！

コラム たたききゅうりは「たたかない」が正解だった？

オギ 副菜やつまみとして、あるとうれしい「たたききゅうり」ですが、自分で作るとたたきすぎるせいか、ボロボロになるんです……。

小田先生 **たたききゅうりは、むやみにたたかなくてもいいんですよ。**

オギ 「たたききゅうり」って名前なのに!?

小田先生 木ベラの面を使ってきゅうりを押しつぶせば、周りに飛び散らないし、ボロボロになることもありません。ある程度つぶしたら、包丁で4～5cmの長さに切りそろえてくださいね。

オギ なんと……。たたき割ることだけに集中してました（笑）。

小田先生 さらに、板ずりしてブルーム（きゅうりが出す天然のワックス）を落として、きゅうりの中心にある種を取れば、苦味や青臭さ、水っぽさが軽減できてよりおいしくいただけますよ！

材料（２人分）

きゅうり……１本（約100g）	A　しょうゆ……小さじ１
ザーサイ……20g	ゴマ油……小さじ１
刻みゴマ……小さじ1/2	砂糖……ひとつまみ
	酢……小さじ１

作り方

1　きゅうりは塩小さじ１（分量外）をまぶしてこすり、塩が溶けて泡立ったら、さっと洗って水気を拭く。

2　まな板にのせ、木べらで何カ所か押しつぶして、ひびを入れる。4～5cmの長さに切って手で割り、種をざっと取る。

3　ザーサイは千切りにする。

4　ボウルにきゅうり、Aを入れて手で軽く揉み混ぜ、ザーサイ、刻みゴマとあえる。

肉じゃが

先生の肉じゃが美しいです
玉ねぎがべっ甲細工のよう
煮込みすぎないからですかねー
余熱で火を通す
煮汁が澄んでて具も崩壊してない
なのに味はしみしみ
切ったあと水にさらすからですかねー
表面のデンプンが悪さするので
肉がちゃんと肉として美味
抜けがらじゃない!
下味の威力!
肉を犠牲にしてジャガイモをおいしくする時代は終わった
だしなしでこの旨み!
なぜ
ニンジンをハート形にするのがコツ♥
まずジャガイモしっかり炒めて
かくし味に味噌!
話はそれからです

肉じゃが

POINT
1. 具材は大きめに、サイズをそろえる
2. 肉に下味をつける
3. 肉より先にジャガイモを炒める
4. 余熱を利用する

おいしい肉じゃがを作るには４つのポイントを攻略せよ！

オギ　肉じゃがといえば、あいまいなことも結構ありまして。どこまで煮込むのか、調味料をいつ入れたらいいのか……。

小田先生　煮物料理は、意外に難しいんです。素材や作る量によって味が決まりにくいところがありますからね。

オギ　「ジャガイモやカボチャは煮崩れているのに、ニンジンは硬い」「味がしみてない」みたいなことも日常茶飯事です。

小田先生　では、肉じゃがをおいしく仕上げるポイントをお伝えしましょう。それが上の４つです。詳しくは、実践しながらお伝えしますね！

理想の肉じゃが

材料（2人分）

ジャガイモ
……3〜4個（正味350〜400g）
豚肩ロース肉……200g
A｜しょうゆ……大さじ1
　｜砂糖……大さじ1
タマネギ……1個（約200g）
サラダ油……大さじ1
水……1カップ
B｜砂糖……大さじ1
　｜みりん……大さじ3
　｜しょうゆ……大さじ3

作り方

1 豚肉は半分に切って、Aを順に加えからめる。

2 タマネギは8等分に切る。

3 ジャガイモはよく洗って皮をむき、水にさらす。1個を2〜3等分に切って再度水にさらす。

4 直径20cmの鍋に油を入れて中火で熱し、水気を拭いたジャガイモ、タマネギを加え、2分炒める。全体に油が回ったら、肉をざっと広げて色が変わるまで炒める。

5 水を注ぎ、煮立ったらアクを取る。

6 Bを順に加えて強火にする。再び煮立ったら弱火にし、濡らして絞ったキッチンペーパーをかぶせ、蓋をずらしてのせ13〜15分煮る。火から下ろして10分蒸らす。

肉じゃが

「均一な火通り」を叶える具材の切り方を徹底解説！

ジャガイモは全部を均等な大きさに！

1

皮をむき、芽を取ったら、水を張ったボウルに入れる。水にさらしてデンプン質を取り除くことで、煮込んでいるときの調味料の入りがよくなる。

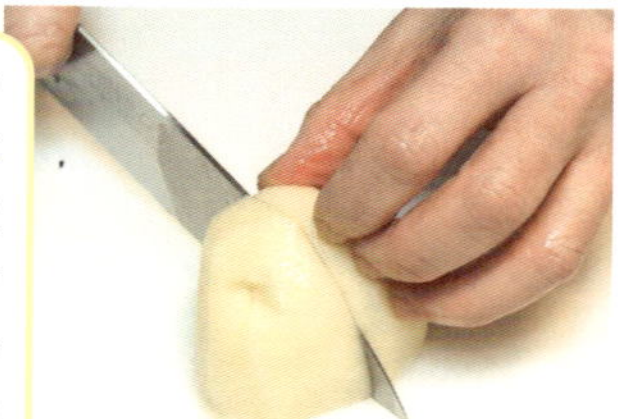

2

それぞれのサイズをチェックして、どれくらいの大きさに切るか決める。「1個ずつ皮をむいて切る」というやり方だと形や大きさが不ぞろいになりやすいため、「全部の皮をむく→サイズを決める→切る」という手順に。

3

今回は1個あたり3〜4等分くらいの大きめサイズにカット。切り終わったら再度水にさらし、デンプン質をしっかり取り除く。

タマネギは大きめに切り、煮崩れ対策

火が通る時間をジャガイモとそろえるため、タマネギも大きめに。8等分くらいの大きさなら、煮上がったときも形が残っているので、タマネギの甘みを楽しめる。

肉は下味をつけてパンチをきかせる！

豚肩ロース肉を使用。半分に切り、しょうゆ→砂糖の順に加え、しっかり揉み込む。下味をつけることでジャガイモと肉の味にメリハリが出て、おいしさが増す。

肉より先にジャガイモを炒めて旨みを引き出す！

オギ ポイントの2つ、「**❶具材は大きめに、サイズをそろえる**」「**❷肉に下味をつける**」って大事だったんですね～。残り2つは「**❸肉より先にジャガイモを炒める**」「**❹余熱を利用する**」ですね。ずっと肉を先に炒めると思っていました。

小田先生 実は❸が、おいしい肉じゃがを作る大きなポイント。先にジャガイモを転がしながらしっかり炒めることで、ジャガイモの水分をとばし旨みと甘みを引き出せ、味わい深い肉じゃがに。早速、キッチンペーパーで余分な水気を拭き取ったジャガイモとタマネギを、熱した鍋に入れて2分炒めましょう。

オギ 2分ですか……思っていたよりしっかり炒めるんですね。

小田先生 どうせ煮込むからと短時間で済ませる人も多いのですが、しっかり炒め

るとジャガイモは表面に焼き色がついて香ばしくなりますし、タマネギは甘みが出てきます。**この旨みや甘みが肉じゃがの味のベースに。**さて、肉を加えましょう。肉の色がうっすら変わったら水を入れて沸騰させます。

オギ もう!? いつも、肉の色がしっかり変わるまで炒めていました。

小田先生 炒めすぎると肉が硬くなってしまうので、ジャガイモの熱を肉に移すイメージで、うっすら色が変わる程度の炒め具合でＯＫです。沸騰したらアクを取り、調味料を入れますよ。まず、溶けにくい砂糖から。次にみりん、しょうゆを加えます。そうすると温度が下がるので、再度沸騰させましょう。煮立ってきたら、濡らしたキッチンペーパーを軽く絞ったもので落とし蓋をします。

オギ 落とし蓋はアルミホイルでもいいんでしょうか?

小田先生 アルミホイルはクシャッとすると角ができますよね。火を通すとやわらかくなる食材は、角が当たると煮崩れの原因に。だから、やわらかいキッチンペーパーのほうがいいんです。

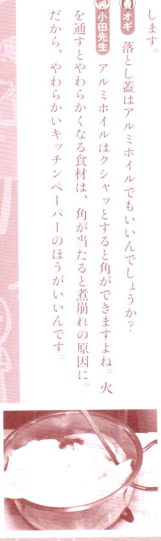

肉じゃが

小田先生　落とし蓋をしたら、鍋に蓋をしてさらに煮込んでいきます。完全に蓋をしてしまうと温度が高くなりすぎるので、菜箸などを挟んで少し隙間を作り、弱火にしてください（上の写真）。この状態で13〜15分煮込んで火から下ろし、鍋の蓋を取って（落とし蓋はしたまま）10分蒸らします。

オギ　ポイントの「❹**余熱を利用する**」ですね！

小田先生　そうです。長く煮るほど煮崩れしやすくなるので、**煮込む時間は最小限に抑え、蒸らしながら余熱で仕上げます。**冷めるときに味がしみ込んでいくので、味をなじませる意味合いもあります。（10分経過）では、落とし蓋を外して火通りを確かめてみましょう。

オギ　まったく煮崩れていませんね！　ムラなく全体が「しみしみ〜」になっているのが伝わってきます。落とし蓋効果ってすごい！　盛り付けると、肉やタマネギもちゃんと存在感がありますね。

小田先生　余熱を利用すれば、大きい具材もちゃんと火が通るんです。

オギ　ジャガイモはホクホク、タマネギも甘いし、肉もやわらかい！

まとめ

切り方や炒め方を
見直せば、「得意料理は
肉じゃがです」って
ガチで言える！

コラム アクってどこまで取ればいいの？

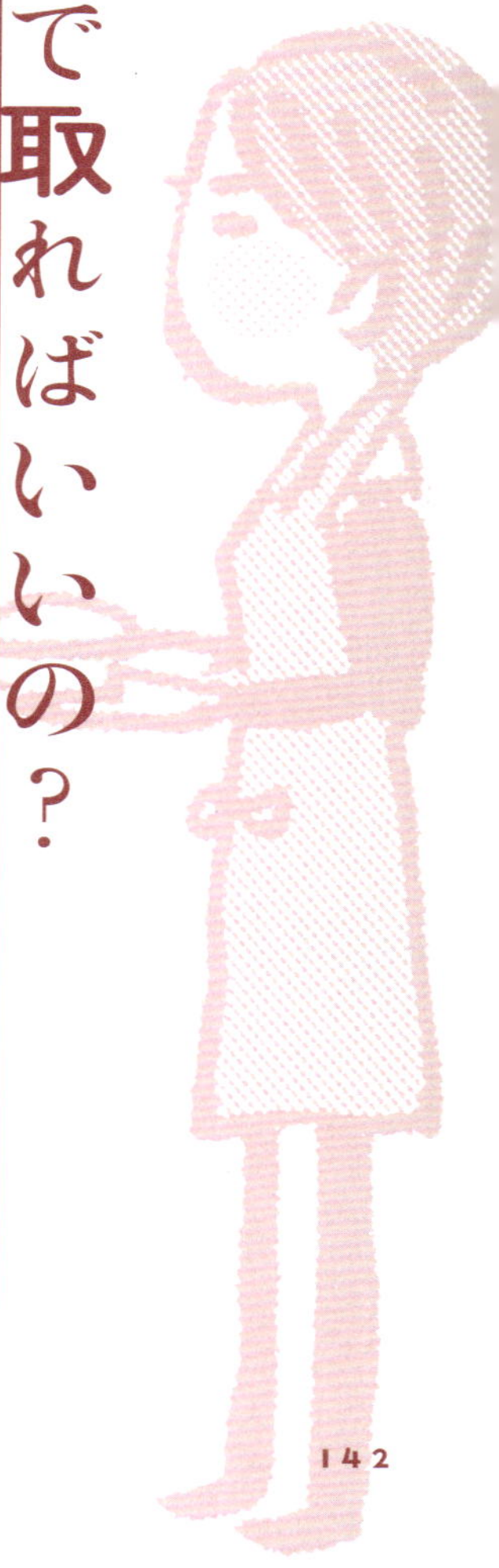

オギ 煮込み料理でよくわからないのが「アク」なんです。ずっと出現するからどこまで取ればいいかわからないし、そもそもどれがアク？って感じで……。

小田先生 最初に知っておいてほしいのは、**アクは沸騰させないと出てこない**ということ。ちなみに、沸騰とは「泡が出てくればＯＫ」というわけではないので注意してくださいね。鍋の端も中央も、まんべんなくグツグツしている状態が「沸騰」です。中途半端に沸いた状態だと、アクなのか何なのかよくわからないものを取り除くことになってしまいます。

オギ ……心当たりがありすぎます。毎回、たぶんアクだよね？とよくわからないものを必死ですくっていました。

小田先生 アクとは、肉や魚の臭み成分や、野菜の渋みやえぐみがしみ出したも

の。これを放置したままだと煮汁がにごってしまったり、具材が汚れたり、臭みやえぐみによって料理の味が損なわれることがあります。

オギ 改めて知ると、絶対取り去らなくては！って思うのですが、アクって永遠に出てくるじゃないですか。どこまで取ればいいですか？

小田先生 すべてを取り去る必要はなく、**目立つものを取り除くだけで十分**。もちろん、取ったほうが味もスッキリします。すくい網を使って、アクを端に寄せると取りやすいですよ。

オギ なんとなく疑問だったことがクリアになりました！　そういう疑問を解決することなく過ごしてましたが、その積み重ねが「ちょっとマズイ」なんですかねえ……。

サバの味噌煮

悩ましいのはこの2点
・生臭くなる
・煮崩れる
OK救いましょう
消臭部隊
臭いのもとをしっかり拭き取る
ショウガとネギを入れる
そして多めのみりん
臭みを取り味染みを良くし煮崩れを防ぐ救世主
みりん万能
みりんを讃えよ
ワッショイ
MIRIN
コクが深まって照り・つやも出ますよ
でも妄信はダメ

POINT

1. 臭み対策をきっちり行う
2. 直径20㎝のフライパンを使う
3. みりんを多めに使う

「失敗知らずの煮魚」ポイントは3つ！

オギ 肉以上にハードルが高いのが魚料理。特に問題なのは煮魚です。

小田先生 煮魚は難しいイメージがありますよね。

オギ そうなんです！　骨から身がはがれて煮崩れたり、皮だけはがれてしまったり、身がパサついたり、煮汁が消失したり……。

小田先生 失敗知らずの煮魚のためにおさえておきたいのが上の3つのポイントです。小さいフライパンは魚が動かず、煮崩れを起こしにくいという利点があります。また、みりんには**味のしみ込みをよくしたり、臭みを取る働きがあるし、量をたっぷり使うことで煮崩れを防ぐことができますよ。**

超簡単！
サバの味噌煮

材料（2人分）

サバ……2切れ（約200g）

A
- 水……1/2カップ
- みりん……1/4カップ
- しょうゆ……大さじ1
- 砂糖……大さじ1（甘めが好みなら大さじ2）
- 酢……大さじ1
- 味噌……大さじ3

長ネギ……1/2本（約50g）

ショウガ……1かけ

作り方

1 サバはキッチンペーパーで水気をしっかり取り除いて、1cm間隔で皮目に切り目を入れる。海水にいる魚は肉以上に水分が多く、これが臭みのもとになるので、しっかり拭き取っておくこと。

2 長ネギは5cm長さに切る。ショウガは千切りにする。

3 直径20cmのフライパンにAを入れて味噌をしっかり溶かしたら中火で煮立て、1と長ネギを加える。

4 スプーンなどで煮汁をすくいかけ、プクプクと煮立った状態を維持し、中火で6〜7分煮る。

5 煮汁をかけながら、さらにとろみが出るまで2〜3分煮る。最後にショウガを加え、火を止める。

サバの味噌煮

「下処理&みりんたっぷり」で生臭さも煮崩れもサヨウナラ!

臭み対策1 丁寧に拭き取る!

1

サバは脂が酸化しやすく、臭みが出やすい魚。臭みのもとになる水分やぬめり、血合いをキッチンペーパーできちんと拭き取る。雑に行わず、丁寧に!

臭み対策2 長ネギ・ショウガ・味噌に頼る

2

いずれの食材も臭み対策に活躍してくれる。長ネギは5cmの長さに切り、ショウガは皮をむいて千切りにする。

火にかける前に煮汁を作る

火にかける前のフライパンに、水、みりん、しょうゆ、砂糖、酢を入れる。最後に味噌を投入し、しっかり溶かし切る。

中火でしっかり煮立てる

味噌が溶けたら中火にかけ、写真のようにプクプクと泡が出るまで煮立てる。ここで味にまとまりを出し、みりんのアルコール分を飛ばす。

煮立ったらサバ・長ネギを投入

煮汁が煮立ったら、皮を上にしてサバを入れる。さらに長ネギを加え、煮汁がプクプクとした状態のまま6～7分煮込み続ける。

サバの味噌煮

サバはひっくり返しちゃダメ！煮汁をしっかり煮立たせて

小田先生 煮汁がプクプクと煮立ったところにサバを入れると皮の表面が固まり、サバ特有の生臭さやクセが出にくくなります。

オギ 下処理や使う食材・調味料だけでなく、調理工程にも生臭さを抑えるコツがあるんですね。全然知らなかった……。

小田先生 **サバは生臭くなりやすいので、あの手この手で封じ込める必要があるんです。**さて、6～7分煮ている間、スプーンで煮汁をすくってサバにかけましょう。サバをひっくり返すと煮崩れする原因になりますから。

オギ ……煮汁をすくいかけながら、6～7分ずっと見張っていなければいけないんでしょうか？　ちょっと面倒だなと思ってしまいまして（笑）。

小田先生　5分くらいなら煮詰まらないので、タイマーをかけておけば、ちょっとくらい目を離しても問題ないですよ（編集部註：キッチンから離れるのはNG！）。そろそろ6分経ちますね。長ネギに歯ごたえを残したいならここで取り出しましょう。クタクタの食感が好みなら、そのままでも。そしてさらに2〜3分煮ていきます。

オギ　この時間も煮汁をすくいかけるんですね。あ、サバに照りが出てふっくらしてきました！

小田先生　この照りは、**煮汁をしっかり煮立たせているからこそ出せるもの。**煮立たせることで、みりんに含まれる糖が水分と結びつき、より煮汁の粘度が増すんです。粘度のある煮汁だと思った以上に低温で沸くのでソフトな火通りになり、サバの表面に煮汁がとどまりやすくなり、照りが生まれます。

オギ　煮崩れを防いでくれるわ、照りも出してくれるわ、みりんって何役もこなしてくれるすごい調味料ですね！

サバの味噌煮

オギ　このサバの味噌煮、皮も無事だし、身もちっとも欠けてないですね。私のボロボロに煮崩れた味噌煮と全然違う！

小田先生　**みりんを多めに使って、煮る時間をちゃんとコントロールすれば、誰でもおいしく作れますよ。**生臭さを防ぐための下処理もきちんと行ってくださいね。

オギ　ふわっとしたやわらかい食感に感動です！　自分で作ると、いつも身が硬くてパサパサしているのに……。味もコクがあるのに甘ったるくなく軽やか！　ショウガもいい働きをしてくれています。そしてこの長ネギ！　絶妙な歯ごたえです！

小田先生　満足してもらえてよかったです（笑）。**甘めの味付けが好みなら、砂糖を大さじ2に増やしてもいいですよ。**味噌を入れずに、しょうゆを大さじ2にすれば、サバの煮つけが作れます。よかったら試してみてくださいね。

オギ　味噌煮のレシピを応用すれば、煮つけになるんですね。「応用」なんて……ちょっと料理上手に近づけた気分です！

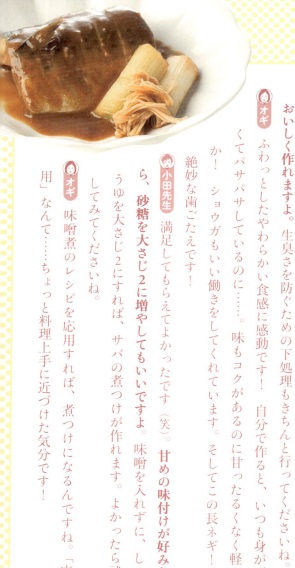

まとめ

ふっくらツヤツヤ、
煮崩れナシ！
みりんがすごく
いい**働き**してます！

Chapter 3

料理上手の頭の中はどうなってる？

何を考えながら料理しているの？
味付けのパターンは全部暗記しているの？
料理上手な人の頭の中を深掘りしたら、
「ちょっとマズイ」から脱却するヒントが
ザクザク見つかりました！

料理上手はレシピを見ない？

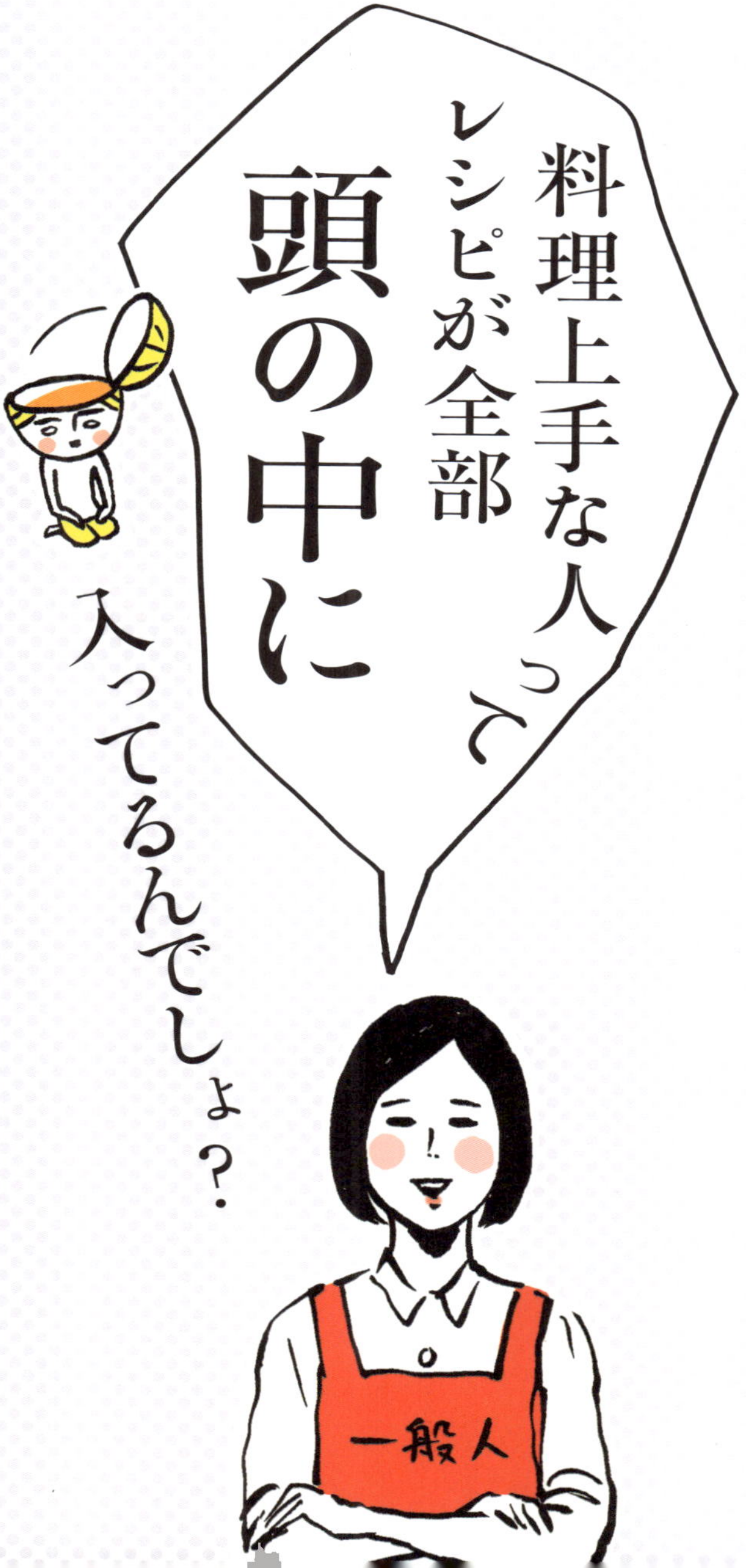
料理上手な人って
レシピが全部
頭の中に
入ってるんでしょ？
一般人

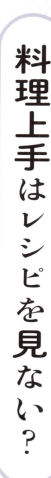

こういう意識ないですか
レシピを見る＝カンニング
ある
自分のものになっていない証拠だと
……
〜ぱぱっと ごちそう〜
こういう願望は？
スゴイ
ファンタジスタ
めっちゃある
カッコつけたい
どんな料理もやすやす作って称賛されたい〜
失敗とかしたくない〜
夢みたいなこと考えるのやめましょう
メシウマへの近道は失敗と体験の積み重ね

料理は「体験」が大事！　まずはレシピに忠実に何度もトライして

オギ　先生、やっぱり料理上手な人ってレシピを見ないんですよね？　私も、レシピを見ずにいろんな料理をぱぱっと作れるようになりたいな～って野望を密かに抱いているんです！

小田先生　そうなの⁉

オギ　はい。調味料の組み合わせとかも全部覚えていて、冷蔵庫の中にある食材で何品も作れちゃう……そんな人に憧れています。

小田先生　う～ん。レシピを見る・見ないは「人による」と思います。はじめからレシピを見ないで上手に作れる人は確かにいますけどね。

オギ　えっ、そうなんですか？

小田先生 ええ。でも、確実に言えるのは**「料理は体験」**ということです。料理上手な人のベースのひとつになっているのは、両親や祖父母など、生活を共にする人が料理しているところを見てきた、手伝ったりした、という体験の多さだと思うんです。そういう体験があるからこそ、「こんなやり方だったはず」「こういう味だったな」と想像が及ぶようになります。

オギ 体験ですか……。ちなみに先生は、やっぱりレシピを見ないんでしょうか？

小田先生 私自身も、まったく見ないわけではありませんよ。確認のために見ることもありますし。年に何度も作らないおせちやおもてなしの料理は、レシピを見たほうがスムーズに作れます。ただ、レシピを考える側の料理研究家としては、自分が忘れるような手順や配合じゃダメだな、もっとシンプルな手順はないかなと常に模索していますね。

オギ プロはそこまで考えてレシピを作っているんですね。レシピを見るのが面倒と思っていた自分に反省です。でも、なぜか**「レシピを見る＝料理が自分のものになっていない」と思ってしまうんです。**

料理上手はレシピを見ない？

オギが考える
「料理上手」

調味料の
組み合わせ
パターンを全部
記憶している

レシピを見ずに
料理ができる

何品も
同時進行で
料理ができる

冷蔵庫の
中にあるもので
素敵な料理を
作ることができる

料理を作り
終えると同時に
洗い物も
終わっている

味の
センスがいい

盛り付けの
センスもいい

小田先生　もしかして、「レシピを見る＝カンニング」と思っていませんか？

オギ　……はい。とくに人に料理をふるまうときは、レシピを見ながら料理しているって思われたくない！とか、レシピなしでここまでできるよって見栄を張っちゃう自分がいます。

小田先生　気持ちはわかりますが、体験の積み重ねがないまま、レシピを見ずにいきなり料理をするのはやっぱり無理があります。でも、たとえ体験の積み重ねがなかったとしても、**何歳からでも料理のスキルを上げることはできますよ。**

オギ　その方法、知りたいです！

小田先生　**信頼できる・おいしそうと思う料理研究家のレシピ通りに作ってみること**、それに尽きます。そして、作るのは2～3人分程度の量に絞るといいですね。レシピには、料理をおいしく作るための成功・失敗の体験から導き出されたノウハウやコツ、工夫が詰まっています。つまり、レシピを見てその通りに料理をすることで、手軽に体験を積み重ねることができるんです。ポイントは、**参考にするお手本をコロコロ変えず、同じレシピで何度も繰り返し作ることです！**

料理上手はレシピを見ない？

「料理のスキルが上達する」3ステップ

step 1

「体験」を積む

子供の頃から、家族が料理する様子を観察したり、作ってもらった料理について考えたり、一緒に料理をするなどさまざまな体験を積むことで、味や作り方について想像ができるようになる。

「何作っても60点」なオギの場合

子供の頃は、作ってもらった料理を食べ、「おいしい！」と満足して終了。

自分で料理するときはレシピをなんとなく見てわかったつもり。

レシピ通りに料理する

レシピをきちんと読みながら料理をする。積み重ねた体験や自分なりに想像したこと（味付けなど）など、ベースとなる知識があると、レシピに書いてある内容を理解する手助けに。

「同じレシピ」を何度も作る

同じレシピで10回、20回と何度も料理している間に、「味噌を少し増やしたほうが好みの味になるな」「この卵焼き、ネギを加えるとおいしいかも」と、自分がおいしいと思えるものが見えてくる。これも、料理スキルを上げるための貴重な「体験」に。

いろんなレシピに手を出すため、味も作り方もいつもバラバラ。

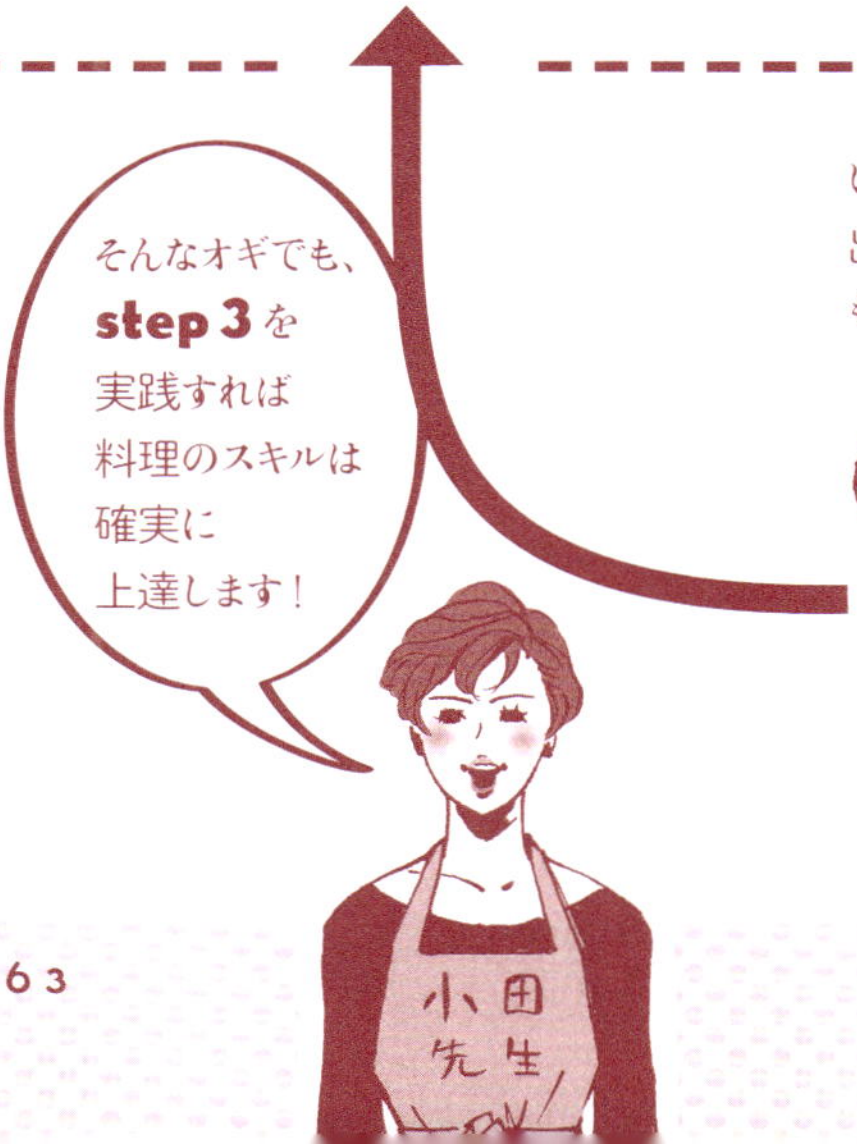

料理上手が選ぶ調味料

やっぱりお高い調味料を選ぶべき？

めっちゃスタンダードなものばかり
タカラ
本みりん
醇良
置いてないスーパーの方がまれなラインナップ
私 先生より高価なみりん使ってたわ
なんかすみません
自分も酒蔵で醸した高いみりん取り寄せてた時期ある
ウフフ
純米本みりん
ちょっといい調味料は腕のなさをカバーしてくれる相棒
高いやつを使っておけば少なくとも「安い味」にはならないだろうと思ってた
許し
己の舌を信じている顔…

スーパーで買える おなじみの調味料が大活躍！

オギ 「おいしい料理を作りたいなら、高い調味料をそろえたほうがいい」という話をたまに耳にするのですが、先生はどんな調味料を使ってるんですか？

小田先生 **私が使っている調味料は普通にスーパーで買えるものばかりですね～。**紹介するレシピが、誰もが再現できる味じゃないと意味がないので。

オギ ちなみに、市販の合わせ調味料に頼ることについてはどう思いますか？

小田先生 便利だし、味が決まりやすいから活用するのもいいと思いますよ。ただ、それに頼ってばかりだとすべての料理が「合わせ調味料の味」になってしまうので、しょうゆやみりんなど**「基本の調味料」のそれぞれの役割や特徴をちゃんと理解して、使いこなせるようにもしておきたいですね！**

料理上手が選ぶ基本の調味料6

1 特選 丸大豆しょうゆ

塩分が16％含まれている。大豆と小麦と食塩を原料に、麹菌などによって発酵・熟成された調味料なので、香り豊かで、旨み、甘み、酸み、苦みもバランスよく含まれる。

750ml ¥467／キッコーマン食品

2 タカラ 本みりん醇良

もち米と米こうじに焼酎（アルコール）を加え、2〜3ヵ月熟成させて製造した酒類調味料。含まれる糖とアルコールによって食材の煮崩れを防ぐ。加えて、てりをつけたり、臭みを消したりする効果がある。和食の煮物に欠かせない調味料で、上品でまろやかな甘み、コクと旨みを与えてくれる。

1L ¥746（参考小売価格）／宝ホールディングス

3 穀物酢

酸味だけでなく、煮物などに少量加えると、味をキュッと引き締め、まとめる働きがある。他に、食品の保存性を高める、魚などの臭みを消すという効果も。こちらも発酵を活用した調味料。穀物酢にくらべ、甘みが強く、酸味がおだやかな米酢もおすすめ。

500ml ¥194（参考小売価格）／ミツカン

4 精製塩

少量でも味にキレが出て、味がビシッと決まるのが特徴。加熱しても味の変化が少ないので、素材のおいしさを味わう料理に向いている。食材から一気に水分を抜いて味を引き出したり、保存性を高めたりする働きも。

1kg ¥178（税抜き）／
塩事業センター

5 白砂糖

みりんより、しっかりとした甘さとコクがあるのが特徴。素材の保水力を高めて肉や魚などを焼いたときにふっくらやわらかくしたり、塩分や酸味、苦みなどのとがった味を抑えて「味をまとめる」という役割がある。

1kg ¥392
（店舗によって価格が異なります）／
ウェルネオシュガー

6 菊正宗 キクマサピン

いわゆる日本酒。みりんに比べて甘みがない。肉や魚の臭みをやわらげ、料理に香りやコクを与えてくれる。下味をつけるときに酒を加えると、素材をやわらかくするのと同時に、調味料の浸透もよくする。

900ml ¥875／菊正宗酒造

＊料理酒は1％以上の塩を含んでおり、メーカーによって味に差が。本書では日本酒がおすすめです。

覚えてソンなし！　和食の黄金比率「しょうゆ1：みりん1」

オギ　調味料って、素材と合わせて火を通すと味が変わるじゃないですか。たとえば、いくつかの調味料を合わせて味見しても、実際のできあがりの味とはかなり違うので、味付けが合っているか、どうやって判断すればいいでしょう？

小田先生　大丈夫！　調味料は「比率」で覚えておけば味がスパッと決まります。**和食の黄金比率は「しょうゆ1：みりん1」**。いわゆる「きんぴら」の味ですね。「しょうゆ1：みりん1」に水を加えて塩分濃度を変えれば、筑前煮から魚の煮物、炊き込みご飯まで、たいていの和食は作れるようになりますよ。甘めが好きならみりんの比率を1・5～2にしたり、みりんの2分の1量の砂糖をプラスすると、さらに味のバリエが広がります。

しょうゆ：みりん：水 *1	塩分濃度 *2	適した料理
1：1：0	約7.3%	・しょうが焼き ・きんぴら
1：1：2〜3	約4.0%	・牛丼 ・すき焼き
1：1：4	約2.7%	・めんつゆ ・肉じゃが ・筑前煮
1：1：6	約2.1%	・魚の煮物 ・乾物の煮物
1：1：8	約1.7%	・炒り鶏 ・根菜類の煮物
1：1：10	約1.4%	・なべ ・おでん ・炊き込みご飯

＊1 大さじ1を目安に
＊2 容量比です

ドレッシングバリエ6

1 ゴマドレッシング

出来量1/2cup

刻みゴマ……大さじ2
砂糖……小さじ1
しょうゆ……大さじ2
酢……大さじ2
サラダ油……大さじ2

こんな料理におすすめ！
- 冷や奴
- しゃぶしゃぶサラダ
- 冷やしうどん

2 しょうゆドレッシング

出来量1/2cup

しょうゆ……大さじ2
酢……大さじ3
ゴマ油……大さじ1
水……大さじ1

こんな料理におすすめ！
- 冷やし中華＆そうめん
- 焼き野菜（つけ込む）
- 水菜や大根のサラダ

3 フレンチドレッシング

出来量1/3cup

塩……小さじ1/2～
酢……大さじ2
オリーブオイル……大さじ3
コショウ……10振り

こんな料理におすすめ！
- サラダ全般
（パセリやシソのみじん切りをプラスするのも◎）

4 中華ドレッシング

出来量1/2cup

しょうゆ……大さじ2
酢……大さじ3
ゴマ油……大さじ2
ショウガすりおろし……小さじ1/2
ニンニクすりおろし……小さじ1/2
砂糖……小さじ1

こんな料理におすすめ！

・冷や奴
・蒸し鶏のサラダ
・唐揚げ

5 ヨーグルトドレッシング（ザジキソース）

出来量1/2cup弱

プレーンヨーグルト……大さじ4
マヨネーズ……大さじ2
塩……小さじ1/2
ニンニクすりおろし……小さじ1/2

こんな料理におすすめ！

・唐揚げ
・照り焼き
・スライストマト

6 シーザードレッシング

出来量1/2cup強

酢……大さじ2
オリーブオイル……大さじ1
マヨネーズ……大さじ3
粉チーズ……大さじ3
塩……小さじ1/4
ニンニクすりおろし……少々

こんな料理におすすめ！

・シーザーサラダ
（ざく切りキャベツやレタスにかけるだけでも◎）

ソースバリエ4

7 タルタルソース

出来量1/2cup強

マヨネーズ……大さじ5
ゆで卵粗みじん……1個分(約50g)
タマネギみじん切り……大さじ2
レモン汁……小さじ1

こんな料理におすすめ!

- サーモンソテー
- フライ全般
- 照り焼き

8 オーロラソース

出来量1/3cup

マヨネーズ……大さじ3
ケチャップ……大さじ2

こんな料理におすすめ!

- 茹で卵や茹で野菜に
- フライドポテト&ナゲット

9 BBQソース

出来量1/3cup

中濃ソース……大さじ2
トマトケチャップ……大さじ2
しょうゆ……大さじ1
コショウ……小さじ1/2
ショウガすりおろし……小さじ1
ニンニクすりおろし……小さじ1

こんな料理におすすめ！

・焼いた肉につける
・肉300gに揉み込んで下味に

10 スイートチリソース

出来量1/3cup弱

はちみつ……大さじ2
豆板醤……小さじ1/2
レモン汁または酢……大さじ2

こんな料理におすすめ！

・茹でたもやしにからめる
・エビやイカ、シーフードのサラダ

その他いろいろ

11 焼き肉のたれ風（プルコギ）

出来量1/2cup強

しょうゆ……大さじ2
砂糖……大さじ1
味噌……大さじ3
ニンニクすりおろし……小さじ1
豆板醤……小さじ1/2
ゴマ油……大さじ1
刻み白ゴマ……大さじ2（お好みで）

こんな料理におすすめ！

・焼いた肉につける
・肉300gに揉み込んで下味に

12 ハニーマスタード

出来量1/2cup弱

マヨネーズ……大さじ4
はちみつ……大さじ1
粒マスタード……大さじ1

こんな料理におすすめ！

・唐揚げ
・茹で野菜にかける

13 味噌マヨ

出来量1/3cup

マヨネーズ……大さじ3
味噌……大さじ2

こんな料理におすすめ！

・キャベツや豚肉の炒め物の調味に

14 田楽味噌

出来量1/2cup弱

味噌……大さじ3
砂糖……大さじ2
みりん……大さじ3
刻みゴマ……大さじ1

こんな料理におすすめ！

ピーマンや豆腐、
ナスにのせて焼く

15 トマトサルサ

出来量2/3cup

トマト1cmの角切り……1/2個分（約100g）
タマネギみじん切り……1/5個分（約30g）
ケチャップ……大さじ2
オリーブオイル……大さじ1
レモン汁……小さじ1
一味唐辛子……10振り
塩……少々

こんな料理におすすめ！

・ハンバーグ
・チキンや切り身魚のソテー
・白身魚の刺身

16 ニラだれ

出来量1/3cup

ニラ（2mm幅）……約50g
しょうゆ……大さじ2
ゴマ油……小さじ2
酢……小さじ2
ラー油……適宜（お好みで）

こんな料理におすすめ！

・そうめんや中華麺とあえる
・焼いた切り身魚にかける

料理ベタのための「細かすぎ」Q&A

Q スーパーで どの食材を 買えばいいか わからない

A 食材の8割は いつも同じ スタメン食材で ＯＫ！

買う店と買う食材を「定番化すること」がおすすめ。いろんなスーパーに行ったり、多くの食材に手を出すと、使いこなせない可能性が大。行く店は3店舗ほどに絞り、自分がよく使う8割のスタメン食材をベースに、残り2割を旬のものや特売品などにあてて。同じ食材を繰り返し使い、失敗の原因やおいしくできた理由を考えることで、料理は確実に上達します。切り方や火の通し方次第でバリエーションは広がるので、マンネリ化の心配も無用です！

Q 冷蔵庫の野菜がよくしなびてる。保存方法を教えてほしい

A 葉物野菜は水揚げしたらたっぷりの空気とともにビニール袋に入れて

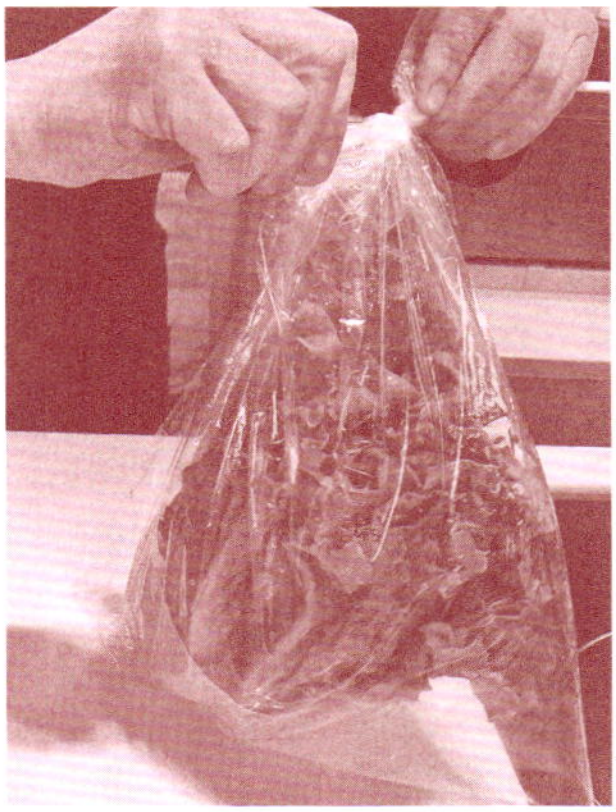

たとえばしなびやすい葉物野菜なら、まずは水揚げしてシャキッと元気にしてあげましょう(P.20参照)。そして、濡らして軽く絞ったキッチンペーパーで根元を包み、ビニール袋に入れます。空気をたっぷり入れて袋の口を縛り、根元を下にした状態で立てて冷蔵庫で保存すれば、1週間くらいもちますよ。空気を入れるのは、葉が冷蔵庫の冷気で冷えすぎたり、他の野菜にぶつかったりして傷むのを防ぐためです。

料理ベタのための「細かすぎ」Q&A

Q 「冷蔵庫の中にあるもので」ってどうすればできるようになる？

A 常備品の活用と味付けの変化がカギ

ベーコンやサバ缶などの肉・魚の加工品、卵などを、スタメン食材として常備しておけば、単品でも、冷蔵庫の残り物と組み合わせてもおいしいおかずに。また、和食、洋食などのジャンルにとらわれすぎないのもポイント。大切なのは、献立の中で味の変化をつけること。たとえばスパイシーな味のカレーの付け合わせは、塩味を感じるしょうゆ味のおひたしにするとか。冷蔵庫の中を見て、異なる味付けができる食材はないか考えてみて。

Q 味付けに失敗したときのリカバリー法を知りたい

A 味が濃ければ酸味を、薄ければ塩に加えて砂糖を足してみて

「味が濃い、しょっぱい」と感じた場合、洋食系の炒め物やソテーならレモン汁、中華系なら酢を足して。酸味を加えると、塩気が中和されます。反対に「味が薄すぎる、味気ない！」という場合は、塩を足すのはもちろん、味をまとめる働きがある砂糖を一緒に加えてみて。ちなみに、作ったトマトソースが物足りないと感じたときは、ケチャップより砂糖を加えたほうが、味が決まりやすいのでお試しを。

料理ベタのための「細かすぎ」Q&A

Q 料理しながら洗い物を片付けるのが難しい!

A ボウルにつけておき「最後にまとめ洗い」するほうが効率的!

洗い物は形状や汚れの種類もさまざまで、料理をしながら洗うのは意外にハードルが高いもの。菜箸やピーラーなどの細々したものは、水と洗剤を入れたボウルにつけておき、最後にまとめて洗うようにしたほうが効率的です。フライパンは油が固まらないうちに、ヘラなどを使って油や汚れをこそげ落とすか、水を入れて少量の食器用洗剤をたらしておきましょう。

Q 自宅のコンロ、1口しかないんです。1品しか作れない……

A 火を使わない or 冷めてもおいしい副菜を組み合わせて

調理法が重ならない献立にすれば、1口コンロでも複数のおかずが楽しめます。たとえば、メインを「焼く」「炒める」といったアツアツの状態で食べたほうがおいしい料理にするなら、副菜は生のまま切るだけ、あるいは先にサッと茹でた野菜でサラダにしてみましょう。もしくは、冷めてもおいしい副菜を取り入れるのもおすすめ。メインの前に作っておけばいいので、いくつかレシピを覚えておくと便利です。

コンロが１口しかなくても、簡単副菜を作ればちょっといい食卓に！

オギ　切るだけ、焼くだけ、といったシンプルな料理のコツを教えてください！

小田先生　料理ってシンプルな工程のものほど奥深くて、それぞれおいしくなる理由がある、その理論をきっちり押さえれば、おいしくなりますよ。

オギ　なるほど。シンプルな料理だからってちょっと油断していました……。

小田先生　では、まずトマトを20分ほど冷水につけて水分を与えハリをもたせます。ヘタの脇に包丁の先を斜めに差し込み、トマトを回しながら一周させてヘタをくり抜き、トマトを横向きにして１cm幅の輪切りにします。**トマトの旨み成分であるグルタミン酸が最も含まれているのが、ゼリー状になっている種の部分。**横の輪切りだと、その面積が広くなるので、ダイレクトに旨みを感じやすくなるんです。

火を使わない
切っただけトマト

材料（2人分）

トマト……1個（約200g）
塩……小さじ1/6（ふたつまみ）
砂糖……小さじ1/2〜1
オリーブオイル……小さじ1
酢……小さじ1

作り方

1　トマトはヘタを取って1cm幅の輪切りにし、器に並べる。

2　調味料を塩→砂糖→オリーブオイル→酢の順に全体に振りかけ、10分以上おく。調味料をからめながらいただく。

オギ トマトがとってもジューシーでおいしくて、びっくりです！　次は「焼きニンジンのマリネ」ですね。これは火を使うけれど、冷めてもおいしく食べられそうだし、コンロが1口しかなくても作りやすいですね！

小田先生 短時間でしっかり火を通すことができて、ニンジンの甘みを引き出す調理法です。10分ほどで作れますよ。まず、皮がついたままのニンジンを長さを半分に切り、さらにそれを縦に4～8等分にして、フライパンに並べます。そして、ニンジンに油をからめます。

オギ あれ、先生！　火をつけ忘れてますよ？

小田先生 つけ忘れじゃないの（笑）。油は熱の伝導率がいいので、火をつける前に**ニンジンを油でコーティングしておくと、全体が温まって火が通りやすくなる**という効果があります。形や大きさによっては火が通るのに時間がかかるニンジンも、最初に油をからめるこの方法なら、最初に5分、返しながらさらに3分焼けば完成しますよ。

冷めてもおいしい
焼きニンジンのマリネ

作り方

1 ニンジンは皮をよく洗い、皮つきのまま長さを半分に切り、それぞれ縦に4～8等分にする。

2 直径20cmのフライパンにニンジンを並べ、油をからめてから中火にかける。

3 そのまま5分焼き、返しながらさらに3分を目安に焼く。

4 ニンジンを焼いている間にボウルにAを合わせておき、3が熱いうちに加えて、油ごとからめ、粗熱を取る。

材料（作りやすい量）

ニンジン……1本（約150g）
オリーブオイル……大さじ2
A 水……大さじ1
酢……大さじ1
塩……小さじ1/2
砂糖……小さじ1
コショウ……少々

先生の焼いただけのニンジンのマリネ
油をからめたニンジンをじっくり焼いて調味料をなじませます
油を介して熱が伝わるので
上は生
底コゲコゲ
焼きムラが起こりにくい
熱
旨味
カロテンが溶け込んだ油が絶品マリネ液に変身！
濃縮還元ニンジンってかんじ
甘ッ

おわりに

料理研究家として、これまで料理初心者の方や料理が苦手な方向けのレシピや書籍を数多く手がけてきました。本書もそういった方々の役に立ちたいという思いで製作してきましたが、その過程を通し、新たな気付きや発見がありました。

たとえば、「野菜の水揚げ」や「鶏モモ肉が生焼けにならない焼き方」。普通の料理本なら「冷水に20分ほどつける」「上下を返してさらに3〜4分焼く」と簡単な説明で済ませるところを、本書では「なぜその手間が必要か」を含め、言葉と写真で詳しく解説しています。

実は料理のおいしさは、「きちんと水を切る」とか「焼く15〜20分前には冷蔵庫から出しておく」といった、作業にともなう「ちょっとした手間」に大きく左右されます。こういった手間は、仕事として料理に長く携わっている私にとっては当たり前のことでしたが、それを見過ごしている人もいるのだと今回あらためて気付かされました。これは私自身の反省でもありますが、「なるべく簡単でおいしく時短になるレシピを」と考えるうちに、「素材本来のおいしさ」や「欠かすことのできない手間」がポロポロとこぼれ落ちてしまっていたのかもしれません。

そしてもうひとつが、レシピとの付き合い方です。レシピとは「おいしい」にたどりつくための地図のようなものです。私は今まで、詳しく、誰にでもわかりやすい内容を意識してレシピを作ってきました。それにはこんな理由があります。

料理研究家として独立して会社を起ち上げたとき、若いスタッフを社員として迎えました。あるとき、彼女たちに私が考案したレシピで作ってもらったら、人によって味が違うのです。同じレシピなのになぜ味が違うのか。話を聞くと、フライパンの大きさや、油を入れて熱する時間などが人によってまちまちだったんです。

そこで、「この料理は20㎝のフライパンで」「熱する時間は2分」と細かく決めたところ、味のバラつきがなくなったのです。以来、どんな家のキッチンで作っても同じ味が再現できるようにという点を踏まえ、レシピを考案してきました。

ところが、本書の編集やライターの方とご一緒した当初、「実はレシピを読むのが面倒で、サラッとしか見ていないことも多い」という声を聞きました。

確かに、仕事や家事などで忙しい中、レシピを読み込むのは大変ですし、「鶏肉を冷蔵庫から事前に出しておく」というような「ちょっとした手間」まで加わるとなると、余計に「面倒くさい」と嫌気がさすかもしれません。でも、レシピを読み込んだり、ちょっとした手間をかけたりすることを面倒だと省いた結果、より面倒なことになっていないでしょうか。おいしさを損なってしまっていないでしょうか。

レシピに書いてある焼き時間を見落として、生焼けになっていないか心配になった挙げ句、何度もレンチンすることになったり、水揚げや水切りの手間を惜しんだせいでサラダの出来がイマイチだと感じ、料理すること自体から遠のいてしまったり……。

実際は、面倒だと感じていることは、いざやってみるとまったく面倒なことではないし、「ちょっとした手間」には大して時間はかかりません。そして、手間をかけることによって料理は格段においしくなります。

手間やレシピに対する意識が変わり、料理本来の楽しさや喜びを、本書を通じて知っていただければ、こんなにうれしいことはありません。

小田真規子

協力店リスト

菊正宗酒造
tel 078-854-1043

キッコーマンお客様相談センター
tel 0120-120-358

塩事業センター
https://www.shiojigyo.com/contact/

宝ホールディングス
tel 0120-120-064

ツヴィリング
tel 0120-75-7155

ウェルネオシュガー
tel 0120-341-310

ボンスター販売
https://bonstar.co.jp/toiawase

ミツカン
tel 0120-261-330

小田真規子

料理研究家。フードディレクター。栄養士。「同じレシピでも、作る人によって仕上がりが全く違うものになる」という気付きから、誰もが作りやすく、おいしく健康的な料理提案を信条としている。1998年に「(株) スタジオナッツ」を設立。テレビ、ラジオ、各媒体のwebサイトでオリジナルレシピを発表するほか、中学校技術・家庭教科書の料理監修や企業へのレシピ提供など、その活躍は多岐にわたり、著書は120冊を超える。近著に『午前7時の朝ごはん研究所』(ポプラ社)。

なぜ、あなたの料理《りょうり》は ちょっとマズイのか?

2024年10月25日　第1刷発行
2025年 3 月14日　第3刷発行

著者
小田真規子《おだまきこ》

絵・マンガ
大窪史乃《おおくぼしの》

発行者
清田則子

発行所
株式会社講談社
〒112-8001 東京都文京区音羽2-12-21
編集 03-5395-3469
販売 03-5395-5817
業務 03-5395-3615

印刷所
大日本印刷株式会社

製本所
大口製本印刷株式会社

定価はカバーに表示してあります。落丁本、乱丁本は購入書店名を明記のうえ、小社業務宛にお送りください。送料小社負担にてお取り替えいたします。なお、この本についてのお問い合わせは、VOCE編集チーム宛にお願いいたします。本書のコピー、スキャン、デジタル化等の無断複製は著作権法上での例外を除き禁じられています。本書を代行業者等の第三者に依頼してスキャンやデジタル化することはたとえ個人や家庭内の利用でも著作権法違反です。

191p 19cm　©Makiko Oda 2024, Printed in Japan ISBN 978-4-06-537637-9

Staff
Art Direction
三木俊一
Design
游瑀萱、高見朋子(文京図案室)
Photo
国井美奈子、VOCE編集部
編集
西村美名子